Grønne Smage

En Plantebaseret Kogebog

Emma Hansen

Indholdsfortegnelse

INTRODUKTION 10

Klassisk linsesuppe med Chard 16

Krydret vinter Farro suppe 18

Rainbow Kikærtesalat 20

Linsesalat i middelhavsstil 22

Ristet asparges og avocado salat 24

Flødet salat med grønne bønner med pinjekerner 26

Cannellini bønnesuppe med grønkål 28

. Hjertelig fløde af svampesuppe 29

Autentisk italiensk Panzanella salat 32

Quinoa og sorte bønnesalat 34

Rig bulgursalat med krydderurter 36

Klassisk ristet pebersalat 40

Hærlig vinterquinoasuppe 42

Grøn linsesalat 44

. Agern squash, kikærter og couscous suppe 46

. Kålsuppe med hvidløgscrostini 48

Creme af grønne bønnesuppe 51

Traditionel fransk løgsuppe 53

. Brændt gulerodssuppe 55

Italiensk Penne Pasta Salat 57

Indisk Chana Chaat salat 59

Tempeh og nudelsalat i thai-stil 61

Klassisk creme af broccoli suppe 63

Marokkansk linse- og rosinsalat 65

Asparges og kikærtesalat 67

Gammeldags salat med grønne bønner 70

Vinterbønnesuppe 72

Cremini-svampesuppe i italiensk stil 74

Flødekartoffelsuppe med krydderurter 77

Quinoa og avocado salat 79

Tabbouleh salat med tofu 81

Havepastasalat 83

Traditionel ukrainsk borsjtj 86

Beluga linsesalat 89

Naan-salat i indisk stil 91

Salat med ristet peber i græsk stil 93

Kidneybønne og kartoffelsuppe 96

Vinter Quinoasalat med pickles 98

Brændt vild svampesuppe 101

Grønne bønnesuppe i middelhavsstil 103

Fløde af gulerodssuppe 105

Italiensk Nonna's Pizza Salat 108

Cremet gylden grøntsagssuppe 110

Brændt blomkålssuppe 113

GRØNTSAGER OG SERVICE 117

Vin- og citronbraiserede artiskokker 118

. Ristede gulerødder med urter 120

Nem braiserede grønne bønner 122

Braiseret grønkål med sesamfrø 124

Vinterstegte grøntsager 127

Traditionel marokkansk Tagine 129

Kinesisk kål røre 131

Sauteret blomkål med sesamfrø 133

Sød mosede gulerødder 135

Sauterede majroer 137

Yukon Gold Kartoffelmos 139

Aromatisk Sauteret Chard 141

Klassisk sauteret peberfrugt 143

Mosede rodfrugter 145

. Ristet Butternut Squash 147

Sauterede Cremini svampe 149

Ristede asparges med sesamfrø ... 151

Auberginegryde i græsk stil ... 153

Keto blomkålsris ... 155

Nem Garlicky Kale ... 157

Artiskokker braiseret i citron og olivenolie ... 159

Rosmarin- og hvidløgsristede gulerødder ... 160

Grønne bønner i middelhavsstil ... 163

Ristede havegrøntsager ... 165

. Nem ristet kålrabi ... 167

Blomkål med Tahinisauce ... 169

Urte Blomkålsmos ... 171

Hvidløg og urtesvampegryde ... 173

Panstegte asparges ... 175

Ingefær gulerodsmos ... 177

Ristede artiskokker i middelhavsstil ... 179

Braiseret grønkål i thailandsk stil ... 182

Silkeblød kålrabipuré ... 184

Sauteret spinat med flødeskum ... 186

Aromatisk sauteret kålrabi ... 188

Klassisk braiseret kål ... 190

Sauterede gulerødder med sesamfrø ... 192

Ristede gulerødder med Tahinisauce ... 194

Brændt blomkål med krydderurter ... 196

Cremet rosmarin Broccoli Mash ... 199

Nem Chard stegepande ... 201

Vinbraiseret grønkål ... 203

Franske Haricots Verts ... 205

Smøragtig majroemos ... 207

Sauteret zucchini med urter ... 209

Mos søde kartofler ... 211

Sherry ristet konge trompet ... 214

Rødbede- og kartoffelpuré ... 216

Quinoagrød med tørrede figner ... 219

Brødbudding med rosiner ... 221

INTRODUKTION

Det er først indtil for nylig, at flere og flere mennesker begynder at omfavne den plantebaserede kost livsstil. Hvad der præcist har trukket titusinder af mennesker ind i denne livsstil, kan diskuteres. Der er dog voksende beviser, der viser, at at følge en primært plantebaseret kost livsstil fører til bedre vægtkontrol og generel sundhed, fri for mange kroniske sygdomme. Hvad er de sundhedsmæssige fordele ved en plantebaseret kost? Som det viser sig, er det at spise plantebaseret en af de sundeste diæter i verden. Sund vegansk kost inkluderer masser af friske produkter, fuldkorn, bælgfrugter og sunde fedtstoffer såsom frø og nødder. De er rigelige med antioxidanter, mineraler, vitaminer og kostfibre. Aktuelle videnskabelige undersøgelser pegede på, at højere forbrug af plantebaserede fødevarer er forbundet med en lavere risiko for dødelighed af sygdomme som hjerte-kar-sygdomme, type 2-diabetes, hypertension og fedme. Veganske spiseplaner er ofte afhængige af sunde basisvarer og undgår animalske produkter, der er fyldt med antibiotika, tilsætningsstoffer og hormoner. Derudover kan det være skadeligt for menneskers sundhed at indtage en højere andel af essentielle aminosyrer med animalsk protein. Da animalske produkter indeholder meget 8 mere fedt end plantebaserede fødevarer, er det ikke et chokerende, at undersøgelser har vist, at kødspisere har ni gange så mange fedme end veganere. Dette fører os til det næste punkt, en af de største fordele ved den veganske kost – vægttab. Mens mange mennesker vælger at leve et vegansk liv af etiske årsager, diæten i sig selv kan hjælpe dig med at nå dine vægttabsmål. Hvis du kæmper for at flytte kilo, kan du overveje at prøve en plantebaseret kost. Hvordan præcist? Som veganer vil du reducere antallet af fødevarer med højt kalorieindhold såsom fuldfede mejeriprodukter, fed fisk, svinekød og andre kolesterolholdige fødevarer såsom æg. Prøv at erstatte sådanne fødevarer med fiberrige og proteinrige alternativer, som vil holde dig mæt længere. Nøglen er at fokusere på næringstætte, rene og naturlige fødevarer og undgå tomme kalorier som sukker, mættet fedt og højtforarbejdede fødevarer. Her er et par tricks, der hjælper mig med at holde min vægt på den veganske kost i årevis. Jeg spiser grøntsager som hovedret; Jeg indtager gode fedtstoffer med måde – et godt fedtstof som olivenolie gør dig ikke fed; Jeg træner regelmæssigt og laver mad derhjemme. God fornøjelse! Hvis du kæmper for at flytte kilo, kan du overveje at prøve en plantebaseret kost. Hvordan præcist? Som veganer vil du reducere antallet af fødevarer med højt kalorieindhold såsom fuldfede mejeriprodukter, fed fisk, svinekød og andre kolesterolholdige fødevarer såsom æg. Prøv at erstatte sådanne fødevarer med fiberrige og proteinrige alternativer, som vil holde dig mæt længere. Nøglen er at fokusere på næringstætte, rene og naturlige fødevarer og undgå tomme kalorier som sukker, mættet fedt og højtforarbejdede fødevarer. Her er et par tricks, der hjælper mig med at holde min vægt på den veganske kost i årevis. Jeg spiser grøntsager som hovedret; Jeg indtager gode fedtstoffer med måde – et godt fedtstof som olivenolie gør dig ikke fed; Jeg træner regelmæssigt og laver mad derhjemme. God fornøjelse! Hvis du kæmper for at flytte kilo, kan du overveje at prøve en plantebaseret kost. Hvordan præcist? Som veganer vil du reducere antallet af fødevarer med højt kalorieindhold såsom fuldfede mejeriprodukter, fed fisk, svinekød og andre kolesterolholdige fødevarer såsom æg. Prøv at erstatte sådanne fødevarer med fiberrige og proteinrige alternativer, som vil holde dig mæt længere. Nøglen er at fokusere på næringstætte, rene og naturlige fødevarer og undgå tomme kalorier som sukker, mættet fedt og højtforarbejdede fødevarer. Her er et par tricks, der hjælper mig med at holde min vægt på den veganske kost i årevis. Jeg spiser grøntsager som hovedret; Jeg indtager gode fedtstoffer med måde – et godt fedtstof som olivenolie gør dig ikke fed; Jeg træner regelmæssigt og laver mad derhjemme. God fornøjelse! Hvordan præcist? Som veganer vil du reducere antallet af fødevarer med højt kalorieindhold såsom fuldfede mejeriprodukter, fed fisk, svinekød og andre kolesterolholdige fødevarer såsom æg. Prøv at erstatte sådanne fødevarer med fiberrige og proteinrige alternativer, som vil holde dig mæt længere. Nøglen er at fokusere på næringstætte, rene og naturlige fødevarer og undgå tomme kalorier såsom sukker, mættet fedt og højtforarbejdede fødevarer.

Her er et par tricks, der hjælper mig med at holde min vægt på den veganske kost i årevis. Jeg spiser grøntsager som hovedret; Jeg indtager gode fedtstoffer med måde – et godt fedtstof som olivenolie gør dig ikke fed; Jeg træner regelmæssigt og laver mad derhjemme. God fornøjelse! Hvordan præcist? Som veganer vil du reducere antallet af fødevarer med højt kalorieindhold såsom fuldfede mejeriprodukter, fed fisk, svinekød og andre kolesterolholdige fødevarer såsom æg. Prøv at erstatte sådanne fødevarer med fiberrige og proteinrige alternativer, som vil holde dig mæt længere. Nøglen er at fokusere på næringstætte, rene og naturlige fødevarer og undgå tomme kalorier såsom sukker, mættet fedt og højtforarbejdede fødevarer. Her er et par tricks, der hjælper mig med at holde min vægt på den veganske kost i årevis. Jeg spiser grøntsager som hovedret; Jeg indtager gode fedtstoffer med måde – et godt fedtstof som olivenolie gør dig ikke fed; Jeg træner regelmæssigt og laver mad derhjemme. God fornøjelse! Prøv at erstatte sådanne fødevarer med fiberrige og proteinrige alternativer, som vil holde dig mæt længere. Nøglen er at fokusere på næringstætte, rene og naturlige fødevarer og undgå tomme kalorier såsom sukker, mættet fedt og højtforarbejdede fødevarer. Her er et par tricks, der hjælper mig med at holde min vægt på den veganske kost i årevis. Jeg spiser grøntsager som hovedret; Jeg indtager gode fedtstoffer med måde – et godt fedtstof som olivenolie gør dig ikke fed; Jeg træner regelmæssigt og laver mad derhjemme. God fornøjelse! Prøv at erstatte sådanne fødevarer med fiberrige og proteinrige alternativer, som vil holde dig mæt længere. Nøglen er at fokusere på næringstætte, rene og naturlige fødevarer og undgå tomme kalorier såsom sukker, mættet fedt og højtforarbejdede fødevarer. Her er et par tricks, der hjælper mig med at holde min vægt på den veganske kost i årevis. Jeg spiser grøntsager som hovedret; Jeg indtager gode fedtstoffer med måde – et godt fedtstof som olivenolie gør dig ikke fed; Jeg træner regelmæssigt og laver mad derhjemme. God fornøjelse! Jeg indtager gode fedtstoffer med måde – et godt fedtstof som olivenolie gør dig ikke fed; Jeg træner regelmæssigt og laver mad derhjemme. God fornøjelse! Jeg indtager gode fedtstoffer med måde – et godt fedtstof som olivenolie gør dig ikke fed; Jeg træner regelmæssigt og laver mad derhjemme. God fornøjelse!

SUPPER & SALATER

Klassisk linsesuppe med Chard

(Klar på cirka 25 minutter | Portioner 5)

Per portion : Kalorier: 148; Fedt: 7,2 g; Kulhydrater: 14,6 g; Protein: 7,7 g

ingredienser

2 spsk olivenolie

1 hvidløg, hakket

1 tsk hvidløg, hakket

2 store gulerødder, hakket

1 pastinak, hakket

2 stilke selleri, hakket

2 laurbærblade

1/2 tsk tørret timian

1/4 tsk stødt spidskommen

5 kopper ristet grøntsagsbouillon

1 ¼ kop brune linser, udblødt natten over og skyllet

2 kopper Chard, revet i stykker

Vejbeskrivelse

I en tykbundet gryde varmes olivenolien op ved moderat varme. Svits nu grøntsagerne sammen med krydderierne i cirka 3 minutter, indtil de lige er møre.

Tilsæt grøntsagsbouillon og linser, og bring det i kog. Skru straks op for varmen og tilsæt laurbærbladene. Lad det koge i cirka 15 minutter eller indtil linserne er møre.

Tilsæt mangold, læg låg på og lad det simre i 5 minutter mere, eller indtil manolden visner.

Server i individuelle skåle og nyd!

Krydret vinter Farro suppe

(Klar på cirka 30 minutter | Portioner 4)

Per portion : Kalorier: 298; Fedt: 8,9 g; Kulhydrater: 44,6 g; Protein: 11,7 g

ingredienser

2 spsk olivenolie

1 mellemstor porre, hakket

1 mellemstor majroe, skåret i skiver

2 italienske peberfrugter, frøet og hakket

1 jalapenopeber, hakket

2 kartofler, skrællet og skåret i tern

4 kopper grøntsagsbouillon

1 kop farro, skyllet

1/2 tsk granuleret hvidløg

1/2 tsk gurkemejepulver

1 laurbær

2 dl spinat, vend i stykker

Vejbeskrivelse

I en tykbundet gryde varmes olivenolien op ved moderat varme. Sauter nu porre, majroer, peberfrugt og kartofler i cirka 5 minutter, indtil de er sprøde-møre.

Tilsæt grøntsagsbouillon, farro, granuleret hvidløg, gurkemeje og laurbær; bring det i kog.

Skru straks op for varmen. Lad det koge i cirka 25 minutter eller indtil farro og kartofler er bløde.

Tilsæt spinaten og tag gryden af varmen; lad spinaten sidde i restvarmen til den visner. God appetit!

Rainbow Kikærtesalat

(Klar på cirka 30 minutter | Portioner 4)

Per portion : Kalorier: 378; Fedt: 24g; Kulhydrater: 34,2 g; Protein: 10,1g

ingredienser

16 ounce dåse kikærter, drænet

1 mellemstor avocado, skåret i skiver

1 peberfrugt, frøet og skåret i skiver

1 stor tomat, skåret i skiver

2 agurker, i tern

1 rødløg, skåret i skiver

1/2 tsk hvidløg, hakket

1/4 kop frisk persille, hakket

1/4 kop olivenolie

2 spsk æblecidereddike

1/2 lime, friskpresset

Havsalt og kværnet sort peber efter smag

Vejbeskrivelse

Smid alle ingredienserne i en salatskål.

Stil salaten i køleskabet i cirka 1 time før servering.

God appetit!

Linsesalat i middelhavsstil

(Klar på cirka 20 minutter + nedkølingstid | Portioner 5)

Per portion : Kalorier: 348; Fedt: 15g; Kulhydrater: 41,6 g; Protein: 15,8g

ingredienser

1½ dl røde linser, skyllet

1 tsk deli sennep

1/2 citron, friskpresset

2 spsk tamari sauce

2 spidskålsstængler, hakket

1/4 kop ekstra jomfru olivenolie

2 fed hvidløg, hakket

1 kop smørhovedsalat, revet i stykker

2 spsk frisk persille, hakket

2 spsk frisk koriander, hakket

1 tsk frisk basilikum

1 tsk frisk oregano

1½ dl cherrytomater, halveret

3 ounce Kalamata oliven, udstenede og halveret

Vejbeskrivelse

I en stor gryde bringes 4 ½ dl af vandet og de røde linser i kog.

Skru straks op for varmen, og fortsæt med at koge dine linser i cirka 15 minutter eller indtil de er møre. Dræn og lad det køle helt af.

Overfør linserne til en salatskål; vend linserne sammen med de resterende ingredienser, indtil de er godt blandet.

Serveres afkølet eller ved stuetemperatur. God appetit!

Ristet asparges og avocado salat

(Klar på cirka 20 minutter + nedkølingstid | 4 portioner)

Per portion : Kalorier: 378; Fedt: 33,2 g; Kulhydrater: 18,6 g; Protein: 7,8 g

ingredienser

1 pund asparges, trimmet, skåret i mundrette stykker

1 hvidløg, hakket

2 fed hvidløg, hakket

1 roma tomat, skåret i skiver

1/4 kop olivenolie

1/4 kop balsamicoeddike

1 spsk stenkværnet sennep

2 spsk frisk persille, hakket

1 spsk frisk koriander, hakket

1 spsk frisk basilikum, hakket

Havsalt og kværnet sort peber efter smag

1 lille avocado, udstenet og skåret i tern

1/2 kop pinjekerner, groft hakket

Vejbeskrivelse

Begynd med at forvarme din ovn til 420 grader F.

Vend aspargesene med 1 spsk olivenolie og læg dem på en bradepande med bagepapir.

Bages i cirka 15 minutter, og drej panden en eller to gange for at fremme ensartet madlavning. Lad det køle helt af og kom i din salatskål.

Vend aspargesene med grøntsagerne, olivenolie, eddike, sennep og krydderurter. Salt og peber efter smag.

Bland for at kombinere og top med avocado og pinjekerner. God appetit!

Flødet salat med grønne bønner med pinjekerner

(Klar på cirka 10 minutter + nedkølingstid | Portioner 5)

Per portion : Kalorier: 308; Fedt: 26,2 g; Kulhydrater: 16,6 g; Protein: 5,8 g

ingredienser

1 ½ pund grønne bønner, trimmet

2 mellemstore tomater i tern

2 peberfrugter, kernet og skåret i tern

4 spsk skalotteløg, hakket

1/2 kop pinjekerner, groft hakket

1/2 kop vegansk mayonnaise

1 spsk deli sennep

2 spsk frisk basilikum, hakket

2 spsk frisk persille, hakket

1/2 tsk rød peberflager, knust

Havsalt og friskkværnet sort peber efter smag

Vejbeskrivelse

Kog de grønne bønner i en stor gryde med saltet vand, til de lige er møre eller cirka 2 minutter.

Dræn og lad bønnerne køle helt af; overfør dem derefter til en salatskål. Vend bønnerne sammen med de resterende ingredienser.

Smag til og juster krydderierne. God appetit!

Cannellini bønnesuppe med grønkål

(Klar på cirka 25 minutter | Portioner 5)

Per portion : Kalorier: 188; Fedt: 4,7 g; Kulhydrater: 24,5 g; Protein: 11,1 g

ingredienser

1 spsk olivenolie

1/2 tsk ingefær, hakket

1/2 tsk spidskommen frø

1 rødløg, hakket

1 gulerod, skåret og hakket

1 pastinak, skåret og hakket

2 fed hvidløg, hakket

5 kopper grøntsagsbouillon

12 ounce Cannellini bønner, drænet

2 kopper grønkål, revet i stykker

Havsalt og kværnet sort peber efter smag

Vejbeskrivelse

I en tykbundet gryde opvarmes oliven over medium-høj varme. Sauter nu ingefær og spidskommen i 1 minut eller deromkring.

Tilsæt nu løg, gulerod og pastinak; fortsæt med at sautere yderligere 3 minutter, eller indtil grøntsagerne er lige møre.

Tilsæt hvidløg og fortsæt med at sautere i 1 minut eller indtil aromatisk.

Hæld derefter grøntsagsbouillonen i og bring det i kog. Reducer straks varmen til et simre og lad det koge i 10 minutter.

Fold Cannellini bønner og grønkål i; fortsæt med at simre indtil grønkålen visner og alt er gennemvarmet. Smag til med salt og peber efter smag.

Hæld i individuelle skåle og server varm. God appetit!

. Hjertelig fløde af svampesuppe

(Klar på cirka 15 minutter | Portioner 5)

Per portion : Kalorier: 308; Fedt: 25,5 g; Kulhydrater: 11,8 g; Protein: 11,6 g *ingredienser*

2 spsk sojasmør

1 stor skalotteløg, hakket

20 ounce Cremini-svampe, skåret i skiver

2 fed hvidløg, hakket

4 spsk hørfrømel

5 kopper grøntsagsbouillon

1 1/3 kopper fuldfed kokosmælk

1 laurbærblad

Havsalt og kværnet sort peber efter smag

Vejbeskrivelse

I en gryde smeltes det veganske smør over medium-høj varme. Når den er varm, koges skalotteløget i cirka 3 minutter, indtil den er mør og duftende.

Tilsæt svampe og hvidløg og steg videre, indtil svampene er bløde. Tilsæt hørfrømelet og fortsæt med at koge i 1 minut eller deromkring.

Tilsæt de resterende ingredienser. Lad det simre, tildækket og fortsæt med at koge i 5 til 6 minutter mere, indtil din suppe er tyknet lidt.

God appetit!

Autentisk italiensk Panzanella salat

(Klar på cirka 35 minutter | Portioner 3)

Per portion : Kalorier: 334; Fedt: 20,4 g; Kulhydrater: 33,3 g; Protein: 8,3 g

ingredienser

3 kopper håndværksbrød, opdelt i 1-tommers terninger

3/4 pund asparges, trimmet og skåret i mundrette stykker

4 spiseskefulde ekstra jomfru olivenolie

1 rødløg, hakket

2 spsk frisk limesaft

1 tsk deli sennep

2 mellemstore arvestykketomater i tern

2 kopper rucola

2 kopper babyspinat

2 italienske peberfrugter, frøet og skåret i skiver

Havsalt og kværnet sort peber efter smag

Vejbeskrivelse

Arranger brødterningerne på en bageplade beklædt med bagepapir. Bag i den forvarmede ovn ved 310 grader F i omkring 20 minutter, roter bagepladen to gange i løbet af bagetiden; reservere.

Tænd ovnen til 420 grader F og smid aspargesene med 1 spiseskefuld olivenolie. Rist aspargesene i cirka 15 minutter eller indtil de er sprøde.

Smid de resterende ingredienser i en salatskål; top med de ristede asparges og ristet brød.

God appetit!

Quinoa og sorte bønnesalat

(Klar på cirka 15 minutter + nedkølingstid | 4 portioner)

Per portion : Kalorier: 433; Fedt: 17,3 g; Kulhydrater: 57g; Protein: 15,1g

ingredienser

- 2 kopper vand
- 1 kop quinoa, skyllet
- 16 ounce sorte bønner på dåse, drænet
- 2 romatomater i skiver
- 1 rødløg, skåret i tynde skiver
- 1 agurk, kernet og hakket
- 2 fed hvidløg, presset eller hakket
- 2 italienske peberfrugter, frøet og skåret i skiver
- 2 spsk frisk persille, hakket
- 2 spsk frisk koriander, hakket

1/4 kop olivenolie

1 citron, friskpresset

1 spsk æblecidereddike

1/2 tsk tørret dildukrudt

1/2 tsk tørret oregano

Havsalt og kværnet sort peber efter smag f.eks

Vejbeskrivelse

Kom vand og quinoa i en gryde og bring det i kog. Skru straks op for varmen.

Lad det simre i cirka 13 minutter, indtil quinoaen har absorberet alt vandet; luft quinoaen med en gaffel og lad den køle helt af. Overfør derefter quinoaen til en salatskål.

Tilsæt de resterende ingredienser til salatskålen og vend det godt sammen. God appetit!

Rig bulgursalat med krydderurter

(Klar på cirka 20 minutter + nedkølingstid | 4 portioner)

Per portion : Kalorier: 408; Fedt: 18,3 g; Kulhydrater: 51,8 g; Protein: 13,1 g

ingredienser

2 kopper vand

1 kop bulgur

12 ounce dåse kikærter, drænet

1 persisk agurk, skåret i tynde skiver

2 peberfrugter, kernet og skåret i tynde skiver

1 jalapenopeber, frøet og skåret i tynde skiver

2 romatomater i skiver

1 løg, skåret i tynde skiver

2 spsk frisk basilikum, hakket

2 spsk frisk persille, hakket

2 spsk frisk mynte, hakket

2 spsk frisk purløg, hakket

4 spsk olivenolie

1 spsk balsamicoeddike

1 spsk citronsaft

1 tsk frisk hvidløg, presset

Havsalt og friskkværnet sort peber efter smag

2 spsk ernæringsgær

1/2 kop Kalamata oliven, skåret i skiver

Vejbeskrivelse

I en gryde bringes vandet og bulguren i kog. Skru straks op for varmen og lad det koge i cirka 20 minutter eller indtil bulguren er mør og vandet næsten er absorberet. Fnug med en gaffel og fordel på en stor bakke til afkøling.

Læg bulguren i en salatskål efterfulgt af kikærter, agurk, peberfrugt, tomater, løg, basilikum, persille, mynte og purløg.

I et lille røreskål piskes olivenolie, balsamicoeddike, citronsaft, hvidløg, salt og sort peber. Anret salaten og vend den sammen.

Drys næringsgær over toppen, pynt med oliven og server ved stuetemperatur. God appetit!

Klassisk ristet pebersalat

(Klar på cirka 15 minutter + nedkølingstid | 3 portioner)

Per portion : Kalorier: 178; Fedt: 14,4 g; Kulhydrater: 11,8 g; Protein: 2,4g

ingredienser

6 peberfrugter

3 spsk ekstra jomfru olivenolie

3 tsk rødvinseddike

3 fed hvidløg, finthakket

2 spsk frisk persille, hakket

Havsalt og friskkværnet sort peber efter smag

1/2 tsk rød peberflager

6 spsk pinjekerner, groft hakket

Vejbeskrivelse

Steg peberfrugterne på en bageplade beklædt med bagepapir i cirka 10 minutter, drej panden halvvejs i kogetiden, indtil de er forkullede på alle sider.

Dæk derefter peberfrugterne med en plastfolie for at dampe. Kassér skindet, frøene og kernerne.

Skær peberfrugterne i strimler og vend dem sammen med de resterende ingredienser. Stil i køleskabet indtil servering. God appetit!

Hærlig vinterquinoasuppe

(Klar på cirka 25 minutter | Portioner 4)

Per portion : Kalorier: 328; Fedt: 11,1 g; Kulhydrater: 44,1 g; Protein: 13,3g

ingredienser

2 spsk olivenolie

1 løg, hakket

2 gulerødder, skrællet og hakket

1 pastinak, hakket

1 selleri stilk, hakket

1 kop gul squash, hakket

4 fed hvidløg, presset eller hakket

4 kopper ristet grøntsagsbouillon

2 mellemstore tomater, knuste

1 kop quinoa

Havsalt og kværnet sort peber efter smag

1 laurbær

2 kopper Chard, seje ribben fjernet og revet i stykker

2 spsk italiensk persille, hakket

Vejbeskrivelse

I en tykbundet gryde opvarmes oliven over medium-høj varme. Svits nu løg, gulerod, pastinak, selleri og gul squash i cirka 3 minutter, eller indtil grøntsagerne er lige møre.

Tilsæt hvidløg og fortsæt med at sautere i 1 minut eller indtil aromatisk.

Rør derefter grøntsagsbouillon, tomater, quinoa, salt, peber og laurbærbær i; bring i kog. Reducer med det samme varmen til et simre og lad det koge i 13 minutter.

Fold mangold i; fortsæt med at simre, indtil mangolden visner.

Hæld i individuelle skåle og server pyntet med den friske persille. God appetit!

Grøn linsesalat

(Klar på cirka 20 minutter + nedkølingstid | Portioner 5)

Per portion : Kalorier: 349; Fedt: 15,1 g; Kulhydrater: 40,9 g; Protein: 15,4g

ingredienser

1 ½ dl grønne linser, skyllet

2 kopper rucola

2 kopper romainesalat, revet i stykker

1 kop babyspinat

1/4 kop frisk basilikum, hakket

1/2 kop skalotteløg, hakket

2 fed hvidløg, finthakket

1/4 kop oliefyldte soltørrede tomater, skyllet og hakket

5 spiseskefulde ekstra jomfru olivenolie

3 spsk frisk citronsaft

Havsalt og kværnet sort peber efter smag

Vejbeskrivelse

I en stor gryde bringes 4 ½ dl vand og røde linser i kog.

Skru straks varmen til en simre, og fortsæt med at koge dine linser i yderligere 15 til 17 minutter, eller indtil de er bløde, men ikke grødet. Dræn og lad det køle helt af.

Overfør linserne til en salatskål; vend linserne sammen med de resterende ingredienser, indtil de er godt blandet.

Serveres afkølet eller ved stuetemperatur. God appetit!

. Agern squash, kikærter og couscous suppe

(Klar på cirka 20 minutter | Portioner 4)

Per portion : Kalorier: 378; Fedt: 11g; Kulhydrater: 60,1 g; Protein: 10,9 g

ingredienser

2 spsk olivenolie

1 skalotteløg, hakket

1 gulerod, skåret og hakket

2 kopper agern squash, hakket

1 stilk selleri, hakket

1 tsk hvidløg, finthakket

1 tsk tørret rosmarin, hakket

1 tsk tørret timian, hakket

2 kopper fløde løgsuppe

2 kopper vand

1 kop tør couscous

Havsalt og kværnet sort peber efter smag

1/2 tsk rød peberflager

6 ounce dåse kikærter, drænet

2 spsk frisk citronsaft

Vejbeskrivelse

I en tykbundet gryde opvarmes oliven over medium-høj varme. Sauter nu skalotteløg, gulerod, agern squash og selleri i cirka 3 minutter, eller indtil grøntsagerne er lige møre.

Tilsæt hvidløg, rosmarin og timian og svits videre i 1 minut eller indtil aromatisk.

Rør derefter suppe, vand, couscous, salt, sort peber og rød peberflager i; bring i kog. Skru straks ned for varmen, og lad det koge i 12 minutter.

Fold dåsekikærter i; fortsæt med at simre, indtil det er gennemvarmet eller cirka 5 minutter mere.

Hæld i individuelle skåle og dryp med citronsaft over toppen. God appetit!

. Kålsuppe med hvidløgscrostini

(Klar på ca. 1 time | Portioner 4)

Per portion : Kalorier: 408; Fedt: 23,1 g; Kulhydrater: 37,6 g; Protein: 11,8g

ingredienser

Suppe:

2 spsk olivenolie

1 mellemstor porre, hakket

1 kop majroer, hakket

1 pastinak, hakket

1 gulerod, hakket

2 kopper kål, strimlet

2 fed hvidløg, finthakket

4 kopper grøntsagsbouillon

2 laurbærblade

Havsalt og kværnet sort peber efter smag

1/4 tsk spidskommen frø

1/2 tsk sennepsfrø

1 tsk tørret basilikum

2 tomater, purerede

Crostini:

8 skiver baguette

2 hoveder hvidløg

4 spiseskefulde ekstra jomfru olivenolie

Vejbeskrivelse

I en suppegryde opvarmes 2 spsk oliven over medium-høj varme. Sauter nu porre, majroer, pastinak og gulerod i cirka 4 minutter, eller indtil grøntsagerne er sprøde møre.

Tilsæt hvidløg og kål og fortsæt med at svitse i 1 minut eller indtil aromatisk.

Rør derefter grøntsagsbouillon, laurbærblade, salt, sort peber, spidskommen, sennepsfrø, tørret basilikum og purerede tomater i; bring i kog. Skru straks ned for varmen, og lad det koge i cirka 20 minutter.

Forvarm i mellemtiden din ovn til 375 grader F. Rist nu hvidløgs- og baguetteskiverne i cirka 15 minutter. Tag crostinien ud af ovnen.

Fortsæt med at bage hvidløg i 45 minutter mere, eller indtil de er meget møre. Lad hvidløget køle af.

Skær nu hvert hvidløgshoved med en skarp savtakket kniv for at adskille alle fed.

Pres de ristede hvidløgsfed ud af deres skind. Mos hvidløgspulpen med 4 spsk ekstra jomfru olivenolie.

Fordel den ristede hvidløgsblanding jævnt på toppen af crostinien. Server med den varme suppe. God appetit!

Creme af grønne bønnesuppe

(Klar på cirka 35 minutter | Portioner 4)

Per portion : Kalorier: 410; Fedt: 19,6 g; Kulhydrater: 50,6 g; Protein: 13,3g

ingredienser

1 spsk sesamolie

1 løg, hakket

1 grøn peberfrugt, frøet og hakket

2 rødbrune kartofler, skrællet og skåret i tern

2 fed hvidløg, hakket

4 kopper grøntsagsbouillon

1 pund grønne bønner, trimmet

Havsalt og kværnet sort peber, til at krydre

1 kop fuldfed kokosmælk

Vejbeskrivelse

I en tykbundet gryde varmes sesamen op over medium-høj varme. Svits nu løg, peberfrugt og kartofler i ca. 5 minutter under omrøring med jævne mellemrum.

Tilsæt hvidløg og fortsæt med at sautere i 1 minut eller indtil dufter.

Rør derefter grøntsagsbouillon, grønne bønner, salt og sort peber i; bring i kog. Reducer straks varmen til et simre og lad det koge i 20 minutter.

Purér den grønne bønneblanding med en stavblender, indtil den er cremet og ensartet.

Kom den purerede blanding tilbage i gryden. Vend kokosmælken i og fortsæt med at simre, indtil den er gennemvarmet eller cirka 5 minutter længere.

Hæld i individuelle skåle og server varm. God appetit!

Traditionel fransk løgsuppe

(Klar på cirka 1 time og 30 minutter | Portioner 4)

Per portion : Kalorier: 129; Fedt: 8,6 g; Kulhydrater: 7,4 g; Protein: 6,3 g

ingredienser

2 spsk olivenolie

2 store gule løg, skåret i tynde skiver

2 timiankviste, hakket

2 rosmarinkviste, hakket

2 tsk balsamicoeddike

4 kopper grøntsagsfond

Havsalt og kværnet sort peber efter smag

Vejbeskrivelse

I en eller hollandsk ovn opvarmes olivenolien over moderat varme. Kog nu løgene med timian, rosmarin og 1 tsk havsalt i ca. 2 minutter.

Skru nu varmen til medium-lav og fortsæt med at koge, indtil løgene karamelliserer eller cirka 50 minutter.

Tilsæt balsamicoeddike og fortsæt med at koge i yderligere 15 mere. Tilsæt bouillon, salt og sort peber og fortsæt med at simre i 20 til 25 minutter.

Server med ristet brød og nyd!

. Brændt gulerodssuppe

(Klar på cirka 50 minutter | Portioner 4)

Per portion : Kalorier: 264; Fedt: 18,6 g; Kulhydrater: 20,1 g; Protein: 7,4 g

ingredienser

1½ pund gulerødder

4 spsk olivenolie

1 gult løg, hakket

2 fed hvidløg, hakket

1/3 tsk stødt spidskommen

Havsalt og hvid peber efter smag

1/2 tsk gurkemejepulver

4 kopper grøntsagsfond

2 tsk citronsaft

2 spsk frisk koriander, groft hakket

Vejbeskrivelse

Start med at forvarme din ovn til 400 grader F. Placer gulerødderne på en stor pergamentbeklædt bageplade; smid gulerødderne med 2 spsk af olivenolien.

Rist gulerødderne i cirka 35 minutter, eller indtil de er bløde.

I en tykbundet gryde varmes de resterende 2 spsk af olivenolien op. Svits nu løg og hvidløg i cirka 3 minutter eller indtil aromatisk.

Tilsæt spidskommen, salt, peber, gurkemeje, grøntsagsfond og ristede gulerødder. Fortsæt med at simre i 12 minutter mere.

Purér din suppe med en stavblender. Dryp citronsaft over din suppe og server pyntet med friske korianderblade. God appetit!

Italiensk Penne Pasta Salat

(Klar på cirka 15 minutter + nedkølingstid | 3 portioner)

Per portion : Kalorier: 614; Fedt: 18,1 g; Kulhydrater: 101g; Protein: 15,4g

ingredienser

- 9 ounce penne pasta
- 9 ounce cannellini-bønne på dåse, drænet
- 1 lille løg, skåret i tynde skiver
- 1/3 kop Niçoise oliven, udstenede og skåret i skiver
- 2 italienske peberfrugter, skåret i skiver
- 1 kop cherrytomater, halveret
- 3 kopper rucola

Forbinding:

- 3 spsk ekstra jomfru olivenolie
- 1 tsk citronskal

1 tsk hvidløg, hakket

3 spsk balsamicoeddike

1 tsk italiensk urteblanding

Havsalt og kværnet sort peber efter smag

Vejbeskrivelse

Kog penne-pastaen efter pakkens anvisninger. Dræn og skyl pastaen. Lad det køle helt af, og overfør det derefter til en salatskål.

Tilsæt derefter bønner, løg, oliven, peberfrugt, tomater og rucola til salatskålen.

Bland alle ingredienserne til dressingen, indtil alt er godt indarbejdet. Anret din salat og server godt afkølet. God appetit!

Indisk Chana Chaat salat

(Klar på cirka 45 minutter + nedkølingstid | 4 portioner)

Per portion : Kalorier: 604; Fedt: 23,1 g; Kulhydrater: 80g; Protein: 25,3g

ingredienser

1 pund tørre kikærter, udblødt natten over

2 San Marzano tomater i tern

1 persisk agurk, skåret i skiver

1 løg, hakket

1 peberfrugt, kernet og skåret i tynde skiver

1 grøn chili, kernet og skåret i tynde skiver

2 håndfulde babyspinat

1/2 tsk Kashmiri chili pulver

4 karryblade, hakket

1 spsk chaat masala

2 spsk frisk citronsaft, eller efter smag

4 spsk olivenolie

1 tsk agavesirup

1/2 tsk sennepsfrø

1/2 tsk korianderfrø

2 spsk sesamfrø, let ristede

2 spsk frisk koriander, groft hakket

Vejbeskrivelse

Dræn kikærterne og kom dem over i en stor gryde. Dæk kikærterne med vand med 2 tommer og bring det i kog.

Skru straks varmen til en simre og fortsæt med at koge i cirka 40 minutter.

Vend kikærterne med tomater, agurk, løg, peberfrugt, spinat, chilipulver, karryblade og chaat masala.

Bland citronsaft, olivenolie, agavesirup, sennepsfrø og korianderfrø grundigt i et lille rørefad.

Pynt med sesamfrø og frisk koriander. God appetit!

Tempeh og nudelsalat i thai-stil

(Klar på cirka 45 minutter | Portioner 3)

Per portion : Kalorier: 494; Fedt: 14,5 g; Kulhydrater: 75g; Protein: 18,7 g

ingredienser

6 ounce tempeh

4 spsk riseddike

4 spsk sojasovs

2 fed hvidløg, hakket

1 lille lime, friskpresset

5 ounce risnudler

1 gulerod, finthakket

1 skalotteløg, hakket

3 håndfulde kinakål, skåret i tynde skiver

3 håndfulde grønkål, revet i stykker

1 peberfrugt, kernet og skåret i tynde skiver

1 fugleperspektiv chili, hakket

1/4 kop jordnøddesmør

2 spsk agavesirup

Vejbeskrivelse

Læg tempeh, 2 spsk riseddike, sojasauce, hvidløg og limesaft i et keramisk fad; lad det marinere i cirka 40 minutter.

Kog imens risnudlerne efter pakkens anvisninger. Dræn dine nudler og kom dem over i en salatskål.

Tilsæt gulerod, skalotteløg, kål, grønkål og peberfrugt i salatskålen. Tilsæt jordnøddesmør, de resterende 2 spsk riseddike og agavesirup og vend det godt sammen.

Top med den marinerede tempeh og server med det samme. God fornøjelse!

Klassisk creme af broccoli suppe

(Klar på cirka 35 minutter | Portioner 4)

Per portion : Kalorier: 334; Fedt: 24,5 g; Kulhydrater: 22,5 g; Protein: 10,2g

ingredienser

2 spsk olivenolie

1 pund broccolibuketter

1 løg, hakket

1 selleri ribben, hakket

1 pastinak, hakket

1 tsk hvidløg, hakket

3 kopper grøntsagsbouillon

1/2 tsk tørret dild

1/2 tsk tørret oregano

Havsalt og kværnet sort peber efter smag

2 spsk hørfrømel

1 kop fuldfed kokosmælk

Vejbeskrivelse

I en tykbundet gryde varmes olivenolien op over medium-høj varme. Svits nu broccoliløg, selleri og pastinak i ca. 5 minutter under omrøring med jævne mellemrum.

Tilsæt hvidløg og fortsæt med at sautere i 1 minut eller indtil dufter.

Rør derefter grøntsagsbouillon, dild, oregano, salt og sort peber i; bring i kog. Skru straks ned for varmen, og lad det koge i cirka 20 minutter.

Purér suppen med en stavblender, til den er cremet og ensartet.

Kom den purerede blanding tilbage i gryden. Fold hørfrømel og kokosmælk i; fortsæt med at simre, indtil det er gennemvarmet eller cirka 5 minutter.

Hæld i fire serveringsskåle og nyd!

Marokkansk linse- og rosinsalat

(Klar på cirka 20 minutter + nedkølingstid | 4 portioner)

Per portion : Kalorier: 418; Fedt: 15g; Kulhydrater: 62,9 g; Protein: 12,4g

ingredienser

1 kop røde linser, skyllet

1 stor gulerod, finthakket

1 persisk agurk, skåret i tynde skiver

1 sødt løg, hakket

1/2 kop gyldne rosiner

1/4 kop frisk mynte, skåret

1/4 kop frisk basilikum, skåret

1/4 kop ekstra jomfru olivenolie

1/4 kop citronsaft, friskpresset

1 tsk revet citronskal

1/2 tsk frisk ingefærrod, skrællet og hakket

1/2 tsk granuleret hvidløg

1 tsk stødt allehånde

Havsalt og kværnet sort peber efter smag

Vejbeskrivelse

I en stor gryde bringes 3 kopper af vandet og 1 kop linser i kog.

Skru straks varmen til en simre, og fortsæt med at koge dine linser i yderligere 15 til 17 minutter, eller indtil de er bløde, men ikke er grødede endnu. Dræn og lad det køle helt af.

Overfør linserne til en salatskål; tilsæt gulerod, agurk og søde løg. Tilsæt derefter rosiner, mynte og basilikum til din salat.

I et lille røreskål piskes olivenolie, citronsaft, citronskal, ingefær, granuleret hvidløg, allehånde, salt og sort peber.

Anret din salat og server godt afkølet. God appetit!

Asparges og kikærtesalat

(Klar på cirka 10 minutter + nedkølingstid | Portioner 5)

Per portion : Kalorier: 198; Fedt: 12,9 g; Kulhydrater: 17,5 g; Protein: 5,5 g

ingredienser

1 ¼ pund asparges, trimmet og skåret i mundrette stykker

5 ounce dåse kikærter, drænet og skyllet

1 chipotle peber, frøet og hakket

1 italiensk peber, frøet og hakket

1/4 kop friske basilikumblade, hakket

1/4 kop friske persilleblade, hakket

2 spsk friske mynteblade

2 spsk frisk purløg, hakket

1 tsk hvidløg, hakket

1/4 kop ekstra jomfru olivenolie

1 spsk balsamicoeddike

1 spsk frisk limesaft

2 spsk sojasovs

1/4 tsk stødt allehånde

1/4 tsk stødt spidskommen

Havsalt og friskknækkede pebernødder efter smag f.eks

Vejbeskrivelse

Bring en stor gryde saltet vand med aspargesene i kog; lad det koge i 2 minutter; dræn og skyl.

Overfør aspargesene til en salatskål.

Vend aspargesene med kikærter, peberfrugt, krydderurter, hvidløg, olivenolie, eddike, limesaft, sojasovs og krydderier.

Vend sammen og server med det samme. God appetit!

Gammeldags salat med grønne bønner

(Klar på cirka 10 minutter + nedkølingstid | 4 portioner)

Per portion : Kalorier: 240; Fedt: 14,1 g; Kulhydrater: 29g; Protein: 4,4 g

ingredienser

1 ½ pund grønne bønner, trimmet

1/2 kop spidskål, hakket

1 tsk hvidløg, hakket

1 persisk agurk, skåret i skiver

2 kopper vindruetomater, halveret

1/4 kop olivenolie

1 tsk deli sennep

2 spsk tamari sauce

2 spsk citronsaft

1 spsk æblecidereddike

1/4 tsk spidskommen pulver

1/2 tsk tørret timian

Havsalt og kværnet sort peber efter smag

Vejbeskrivelse

Kog de grønne bønner i en stor gryde med saltet vand, til de lige er møre eller cirka 2 minutter.

Dræn og lad bønnerne køle helt af; overfør dem derefter til en salatskål. Vend bønnerne sammen med de resterende ingredienser.

God appetit!

Vinterbønnesuppe

(Klar på cirka 25 minutter | Portioner 4)

Per portion : Kalorier: 234; Fedt: 5,5 g; Kulhydrater: 32,3 g; Protein: 14,4g

ingredienser

1 spsk olivenolie

2 spsk skalotteløg, hakket

1 gulerod, hakket

1 pastinak, hakket

1 selleri stilk, hakket

1 tsk frisk hvidløg, hakket

4 kopper grøntsagsbouillon

2 laurbærblade

1 kvist rosmarin, hakket

16 ounce dåse navy bønner

Flasket havsalt og kværnet sort peber efter smag

Vejbeskrivelse

I en tykbundet gryde opvarmes oliven over medium-høj varme. Sauter nu skalotteløg, gulerod, pastinak og selleri i cirka 3 minutter, eller indtil grøntsagerne er lige møre.

Tilsæt hvidløg og fortsæt med at sautere i 1 minut eller indtil aromatisk.

Tilsæt derefter grøntsagsbouillon, laurbærblade og rosmarin og bring det i kog. Reducer straks varmen til et simre og lad det koge i 10 minutter.

Fold marinebønnerne i, og lad dem simre i cirka 5 minutter længere, indtil det hele er gennemvarmet. Smag til med salt og sort peber efter smag.

Hæld i individuelle skåle, kassér laurbærbladene og server dem varme. God appetit!

Cremini-svampesuppe i italiensk stil

(Klar på cirka 15 minutter | Portioner 3)

Per portion : Kalorier: 154; Fedt: 12,3g; Kulhydrater: 9,6 g; Protein: 4,4 g

ingredienser

3 spsk vegansk smør

1 hvidløg, hakket

1 rød peberfrugt, hakket

1/2 tsk hvidløg, presset

3 kopper Cremini-svampe, hakket

2 spsk mandelmel

3 kopper vand

1 tsk italiensk urteblanding

Havsalt og kværnet sort peber efter smag

1 dynger spsk frisk purløg, groft hakket

Vejbeskrivelse

I en gryde smeltes det veganske smør over medium-høj varme. Når de er varme, sauter du løg og peber i cirka 3 minutter, indtil de er bløde.

Tilsæt hvidløg og Cremini-svampe og fortsæt med at sautere indtil svampene er bløde. Drys mandelmel over svampene og fortsæt med at koge i 1 minut eller deromkring.

Tilsæt de resterende ingredienser. Lad det simre, tildækket og fortsæt med at koge i 5 til 6 minutter mere, indtil væsken er tyknet lidt.

Hæld i tre suppeskåle og pynt med frisk purløg. God appetit!

Flødekartoffelsuppe med krydderurter

(Klar på cirka 40 minutter | Portioner 4)

Per portion : Kalorier: 400; Fedt: 9g; Kulhydrater: 68,7 g; Protein: 13,4g

ingredienser

2 spsk olivenolie

1 løg, hakket

1 selleri stilk, hakket

4 store kartofler, skrællet og hakket

2 fed hvidløg, hakket

1 tsk frisk basilikum, hakket

1 tsk frisk persille, hakket

1 tsk frisk rosmarin, hakket

1 laurbær

1 tsk stødt allehånde

4 kopper grøntsagsfond

Salt og friskkværnet sort peber efter smag

2 spsk hakket frisk purløg

Vejbeskrivelse

I en tykbundet gryde varmes olivenolien op over medium-høj varme. Når det er varmt, sauter du løg, selleri og kartofler i ca. 5 minutter under omrøring med jævne mellemrum.

Tilsæt hvidløg, basilikum, persille, rosmarin, laurbærbær og allehånde og fortsæt med at sautere i 1 minut eller indtil dufter.

Tilsæt nu grøntsagsfond, salt og sort peber og bring det hurtigt i kog. Skru straks ned for varmen, og lad det koge i cirka 30 minutter.

Purér suppen med en stavblender, til den er cremet og ensartet.

Varm din suppe op og server med frisk purløg. God appetit!

Quinoa og avocado salat

(Klar på cirka 15 minutter + nedkølingstid | 4 portioner)

Per portion : Kalorier: 399; Fedt: 24,3 g; Kulhydrater: 38,5 g; Protein: 8,4 g

ingredienser

1 kop quinoa, skyllet

1 løg, hakket

1 tomat, i tern

2 ristede peberfrugter, skåret i strimler

2 spsk persille, hakket

2 spsk basilikum, hakket

1/4 kop ekstra jomfru olivenolie

2 spsk rødvinseddike

2 spsk citronsaft

1/4 tsk cayennepeber

Havsalt og friskkværnet sort peber, til at krydre

1 avocado, skrællet, udstenet og skåret i skiver

1 spsk sesamfrø, ristet

Vejbeskrivelse

Kom vand og quinoa i en gryde og bring det i kog. Skru straks op for varmen.

Lad det simre i cirka 13 minutter, indtil quinoaen har absorberet alt vandet; luft quinoaen med en gaffel og lad den køle helt af. Overfør derefter quinoaen til en salatskål.

Tilsæt løg, tomat, ristede peberfrugter, persille og basilikum til salatskålen. I en anden lille skål piskes olivenolie, eddike, citronsaft, cayennepeber, salt og sort peber.

Anret din salat og vend den godt sammen. Top med avocadoskiver og pynt med ristede sesamfrø.

God appetit!

Tabbouleh salat med tofu

(Klar på cirka 20 minutter + nedkølingstid | 4 portioner)

Per portion : Kalorier: 379; Fedt: 18,3 g; Kulhydrater: 40,7 g; Protein: 19,9 g

ingredienser

1 kop bulgurhvede

2 San Marzano tomater i skiver

1 persisk agurk, skåret i tynde skiver

2 spsk basilikum, hakket

2 spsk persille, hakket

4 spidskål, hakket

2 kopper rucola

2 kopper babyspinat, revet i stykker

4 spsk tahini

4 spsk citronsaft

1 spsk sojasovs

1 tsk frisk hvidløg, presset

Havsalt og kværnet sort peber efter smag

12 ounce røget tofu, i terninger

Vejbeskrivelse

I en gryde bringes 2 kopper vand og bulguren i kog. Skru straks op for varmen og lad det koge i cirka 20 minutter eller indtil bulguren er mør og vandet næsten er absorberet. Fnug med en gaffel og fordel på en stor bakke til afkøling.

Læg bulguren i en salatskål efterfulgt af tomater, agurk, basilikum, persille, spidskål, rucola og spinat.

Pisk tahin, citronsaft, sojasovs, hvidløg, salt og sort peber i et lille røreskål. Anret salaten og vend den sammen.

Top din salat med røget tofu og server ved stuetemperatur. God appetit!

Havepastasalat

(Klar på cirka 10 minutter + nedkølingstid | 4 portioner)

Per portion : Kalorier: 479; Fedt: 15g; Kulhydrater: 71,1 g; Protein: 14,9 g

ingredienser

12 ounce rotini pasta

1 lille løg, skåret i tynde skiver

1 kop cherrytomater, halveret

1 peberfrugt, hakket

1 jalapenopeber, hakket

1 spsk kapers, drænet

2 kopper isbjergsalat, revet i stykker

2 spsk frisk persille, hakket

2 spsk frisk koriander, hakket

2 spsk frisk basilikum, hakket

1/4 kop olivenolie

2 spsk æblecidereddike

1 tsk hvidløg, presset

Kosher salt og kværnet sort peber efter smag

2 spsk ernæringsgær

2 spsk pinjekerner, ristet og hakket d

Vejbeskrivelse

Kog pastaen efter pakkens anvisninger. Dræn og skyl pastaen. Lad det køle helt af, og overfør det derefter til en salatskål.

Tilsæt derefter løg, tomater, peberfrugt, kapers, salat, persille, koriander og basilikum til salatskålen.

Pisk olivenolie, eddike, hvidløg, salt, sort peber og næringsgær. Anret din salat og top med ristede pinjekerner. God appetit!

Traditionel ukrainsk borsjtj

(Klar på cirka 40 minutter | Portioner 4)

Per portion : Kalorier: 367; Fedt: 9,3 g; Kulhydrater: 62,7 g; Protein: 12,1g

ingredienser

2 spsk sesamolie

1 rødløg, hakket

2 gulerødder, skåret og skåret i skiver

2 store rødbeder, skrællet og skåret i skiver

2 store kartofler, skrællet og skåret i tern

4 kopper grøntsagsfond

2 fed hvidløg, hakket

1/2 tsk kommenfrø

1/2 tsk selleri frø

1/2 tsk fennikelfrø

1 pund rødkål, strimlet

1/2 tsk blandede peberkorn, friskknækkede

Kosher salt efter smag

2 laurbærblade

2 spsk vineddike

Vejbeskrivelse

I en hollandsk ovn opvarmes sesamolien over en moderat flamme. Når de er varme, sauter du løgene, indtil de er møre og gennemsigtige, cirka 6 minutter.

Tilsæt gulerødder, rødbeder og kartofler og fortsæt med at sautere yderligere 10 minutter, og tilsæt grøntsagsfond med jævne mellemrum.

Rør derefter hvidløg, kommen, sellerifrø, fennikelfrø i, og fortsæt med at sautere i yderligere 30 sekunder.

Tilsæt kål, blandede peberkorn, salt og laurbærblade. Tilsæt den resterende bouillon og bring det i kog.

Skru straks varmen til en simre og fortsæt med at koge i 20 til 23 minutter længere, indtil grøntsagerne er bløde.

Hæld op i individuelle skåle og dryp vineddike over. Server og nyd!

Beluga linsesalat

(Klar på cirka 20 minutter + nedkølingstid | 4 portioner)

Per portion : Kalorier: 338; Fedt: 16,3 g; Kulhydrater: 37,2 g; Protein: 13g

ingredienser

1 kop Beluga linser, skyllet

1 persisk agurk, skåret i skiver

1 stor tomat, skåret i skiver

1 rødløg, hakket

1 peberfrugt, skåret i skiver

1/4 kop frisk basilikum, hakket

1/4 kop frisk italiensk persille, hakket

2 ounce grønne oliven, udstenede og skåret i skiver

1/4 kop olivenolie

4 spsk citronsaft

1 tsk deli sennep

1/2 tsk hvidløg, hakket

1/2 tsk rød peberflager, knust

Havsalt og kværnet sort peber efter smag

Vejbeskrivelse

I en stor gryde bringes 3 kopper af vandet og 1 kop linser i kog.

Skru straks varmen til en simre, og fortsæt med at koge dine linser i yderligere 15 til 17 minutter, eller indtil de er bløde, men ikke grødet. Dræn og lad det køle helt af.

Overfør linserne til en salatskål; tilsæt agurk, tomater, løg, peber, basilikum, persille og oliven.

I et lille røreskål piskes olivenolie, citronsaft, sennep, hvidløg, rød peber, salt og sort peber.

Anret salaten, vend sammen og server godt afkølet. God appetit!

Naan-salat i indisk stil

(Klar på cirka 10 minutter | Portioner 3)

Per portion : Kalorier: 328; Fedt: 17,3 g; Kulhydrater: 36,6 g; Protein: 6,9 g

ingredienser

3 spsk sesamolie

1 tsk ingefær, skrællet og hakket

1/2 tsk spidskommen frø

1/2 tsk sennepsfrø

1/2 tsk blandede peberkorn

1 spsk karryblade

3 naanbrød, brækket i mundrette stykker

1 skalotteløg, hakket

2 tomater, hakkede

Himalayasalt efter smag

1 spsk sojasovs

Vejbeskrivelse

Opvarm 2 spiseskefulde af sesamolien i en nonstick-gryde ved moderat høj varme.

Sauter ingefær, spidskommen, sennepsfrø, blandede peberkorn og karryblade i 1 minut eller deromkring, indtil dufter.

Rør naan-brødene i, og fortsæt med at koge under omrøring med jævne mellemrum, indtil de er gyldenbrune og godt belagt med krydderierne.

Læg skalotteløg og tomater i en salatskål; smid dem med salt, sojasovs og de resterende 1 spsk af sesamolien.

Læg den ristede naan på toppen af din salat og server ved stuetemperatur. God fornøjelse!

Salat med ristet peber i græsk stil

(Klar på cirka 10 minutter | Portioner 2)

Per portion : Kalorier: 185; Fedt: 11,5 g; Kulhydrater: 20,6 g; Protein: 3,7 g

ingredienser

2 røde peberfrugter

2 gule peberfrugter

2 fed hvidløg, presset

4 teskefulde ekstra jomfru olivenolie

1 spsk kapers, skyllet og afdryppet

2 spsk rødvinseddike

Havsalt og kværnet peber efter smag

1 tsk frisk dild, hakket

1 tsk frisk oregano, hakket

1/4 kop Kalamata oliven, udstenede og skåret i skiver

Vejbeskrivelse

Steg peberfrugterne på en bageplade beklædt med bagepapir i cirka 10 minutter, drej panden halvvejs i kogetiden, indtil de er forkullede på alle sider.

Dæk derefter peberfrugterne med en plastfolie for at dampe. Kassér skindet, frøene og kernerne.

Skær peberfrugterne i strimler og læg dem i en salatskål. Tilsæt de resterende ingredienser og rør rundt for at kombinere godt.

Stil i køleskabet indtil servering. God appetit!

Kidneybønne og kartoffelsuppe

(Klar på cirka 30 minutter | Portioner 4)

Per portion : Kalorier: 266; Fedt: 7,7 g; Kulhydrater: 41,3 g; Protein: 9,3 g

ingredienser

2 spsk olivenolie

1 løg, hakket

1 pund kartofler, skrællet og skåret i tern

1 mellemstore selleristængler, hakket

2 fed hvidløg, hakket

1 tsk paprika

4 kopper vand

2 spsk vegansk bouillonpulver

16 ounce dåse kidneybønner, drænet

2 kopper babyspinat

Havsalt og kværnet sort peber efter smag

Vejbeskrivelse

I en tykbundet gryde opvarmes oliven over medium-høj varme. Svits nu løg, kartofler og selleri i cirka 5 minutter, eller indtil løget er gennemsigtigt og mørt.

Tilsæt hvidløg og fortsæt med at sautere i 1 minut eller indtil aromatisk.

Tilsæt derefter paprika, vand og vegansk bouillonpulver og bring det i kog. Reducer straks varmen til en simre og lad det koge i 15 minutter.

Fold marinebønner og spinat i; fortsæt med at simre i cirka 5 minutter, indtil det hele er gennemvarmet. Smag til med salt og sort peber efter smag.

Hæld i individuelle skåle og server varm. God appetit!

Vinter Quinoasalat med pickles

(Klar på cirka 20 minutter + nedkølingstid | 4 portioner)

Per portion : Kalorier: 346; Fedt: 16,7 g; Kulhydrater: 42,6 g; Protein: 9,3 g

ingredienser

1 kop quinoa

4 fed hvidløg, hakket

2 syltede agurker, hakket

10 ounce røde peberfrugter på dåse, hakket

1/2 kop grønne oliven, udstenede og skåret i skiver

2 kopper grønkål, strimlet

2 kopper isbjergsalat, revet i stykker

4 syltede chili, hakket

4 spsk olivenolie

1 spsk citronsaft

1 tsk citronskal

1/2 tsk tørret merian

Havsalt og kværnet sort peber efter smag

1/4 kop frisk purløg, groft hakket

Vejbeskrivelse

Kom to kopper vand og quinoaen i en gryde og bring det i kog. Skru straks op for varmen.

Lad det simre i cirka 13 minutter, indtil quinoaen har absorberet alt vandet; luft quinoaen med en gaffel og lad den køle helt af. Overfør derefter quinoaen til en salatskål.

Tilsæt hvidløg, syltede agurk, peberfrugt, oliven, kål, salat og syltede chili til salatskålen og vend sammen.

I en lille røreskål laver du dressingen ved at piske de resterende ingredienser. Anret salaten, vend den godt sammen og server straks. God appetit!

Brændt vild svampesuppe

(Klar på cirka 55 minutter | Portioner 3)

Per portion : Kalorier: 313; Fedt: 23,5 g; Kulhydrater: 14,5 g; Protein: 14,5 g

ingredienser

3 spsk sesamolie

1 pund blandede vilde svampe, skåret i skiver

1 hvidløg, hakket

3 fed hvidløg, hakket og delt

2 kviste timian, hakket

2 kviste rosmarin, hakket

1/4 kop hørfrømel

1/4 kop tør hvidvin

3 kopper grøntsagsbouillon

1/2 tsk røde chiliflager

Hvidløgssalt og friskkværnet sort peber, til krydret

Vejbeskrivelse

Start med at forvarme din ovn til 395 grader F.

Læg svampene i et enkelt lag på en bagepapirbeklædt bradepande. Dryp svampene med 1 spsk sesamolie.

Rist svampene i den forvarmede ovn i cirka 25 minutter, eller indtil de er møre.

Opvarm de resterende 2 spsk af sesamolien i en gryde ved middel varme. Svits derefter løget i cirka 3 minutter, eller indtil det er mørt og gennemsigtigt.

Tilsæt derefter hvidløg, timian og rosmarin og fortsæt med at sautere i 1 minut eller deromkring, indtil de er aromatiske. Drys hørfrømel over det hele.

Tilsæt de resterende ingredienser og fortsæt med at simre i 10 til 15 minutter længere, eller indtil det hele er gennemstegt.

Rør de ristede svampe i og fortsæt med at simre i yderligere 12 minutter. Hæld i suppeskåle og server varm. God fornøjelse!

Grønne bønnesuppe i middelhavsstil

(Klar på cirka 25 minutter | Portioner 5)

Per portion : Kalorier: 313; Fedt: 23,5 g; Kulhydrater: 14,5 g; Protein: 14,5 g

ingredienser

2 spsk olivenolie

1 løg, hakket

1 selleri med blade, hakket

1 gulerod, hakket

2 fed hvidløg, hakket

1 zucchini, hakket

5 kopper grøntsagsbouillon

1 ¼ pund grønne bønner, trimmet og skåret i mundrette bidder

2 mellemstore tomater, pureret

Havsalt og friskkværnet sort peber efter smag

1/2 tsk cayennepeber

1 tsk oregano

1/2 tsk tørret dild

1/2 kop Kalamata oliven, udstenede og skåret i skiver

Vejbeskrivelse

I en tykbundet gryde opvarmes oliven over medium-høj varme. Svits nu løg, selleri og gulerod i cirka 4 minutter, eller indtil grøntsagerne er lige møre.

Tilsæt hvidløg og zucchini og fortsæt med at sautere i 1 minut eller indtil aromatisk.

Rør derefter grøntsagsbouillon, grønne bønner, tomater, salt, sort peber, cayennepeber, oregano og tørret dild i; bring i kog. Reducer straks varmen til en simre og lad det koge i cirka 15 minutter.

Hæld i individuelle skåle og server med skivede oliven. God appetit!

Fløde af gulerodssuppe

(Klar på cirka 30 minutter | Portioner 4)

Per portion : Kalorier: 333; Fedt: 23g; Kulhydrater: 26g; Protein: 8,5 g

ingredienser

2 spsk sesamolie

1 løg, hakket

1 ½ pund gulerødder, skåret og hakket

1 pastinak, hakket

2 fed hvidløg, hakket

1/2 tsk karrypulver

Havsalt og cayennepeber efter smag

4 kopper grøntsagsbouillon

1 kop fuldfed kokosmælk

Vejbeskrivelse

I en tykbundet gryde opvarmes sesamolien over medium-høj varme. Svits nu løg, gulerødder og pastinak i ca. 5 minutter under omrøring med jævne mellemrum.

Tilsæt hvidløg og fortsæt med at sautere i 1 minut eller indtil dufter.

Rør derefter karrypulver, salt, cayennepeber og grøntsagsbouillon i; bring det hurtigt i kog. Reducer straks varmen til et simre og lad det koge i 18 til 20 minutter.

Purér suppen med en stavblender, til den er cremet og ensartet.

Kom den purerede blanding tilbage i gryden. Vend kokosmælken i og fortsæt med at simre, indtil den er gennemvarmet eller cirka 5 minutter længere.

Hæld i fire skåle og server varm. God appetit!

Italiensk Nonna's Pizza Salat

(Klar på cirka 15 minutter + nedkølingstid | 4 portioner)

Per portion : Kalorier: 595; Fedt: 17,2g; Kulhydrater: 93g; Protein: 16g

ingredienser

1 pund makaroni

1 kop marinerede svampe, skåret i skiver

1 kop vindruetomater, halveret

4 spsk spidskål, hakket

1 tsk hvidløg, hakket

1 italiensk peber, skåret i skiver

1/4 kop ekstra jomfru olivenolie

1/4 kop balsamicoeddike

1 tsk tørret oregano

1 tsk tørret basilikum

1/2 tsk tørret rosmarin

Havsalt og cayennepeber efter smag

1/2 kop sorte oliven, skåret i skiver

Vejbeskrivelse

Kog pastaen efter pakkens anvisninger. Dræn og skyl pastaen. Lad det køle helt af, og overfør det derefter til en salatskål.

Tilsæt derefter de resterende ingredienser og vend indtil makaronien er godt dækket.

Smag og juster krydderierne; Stil pizzasalaten i køleskabet indtil den skal bruges. God appetit!

Cremet gylden grøntsagssuppe

(Klar på cirka 45 minutter | Portioner 4)

Per portion : Kalorier: 550; Fedt: 27,2 g; Kulhydrater: 70,4 g; Protein: 13,2g

ingredienser

2 spsk avocadoolie

1 gult løg, hakket

2 Yukon Gold kartofler, skrællet og skåret i tern

2 pund butternut squash, skrællet, frøet og skåret i tern

1 pastinak, skåret og skåret i skiver

1 tsk ingefær-hvidløgspasta

1 tsk gurkemejepulver

1 tsk fennikelfrø

1/2 tsk chilipulver

1/2 tsk græskartærtekrydderi

Kosher salt og kværnet sort peber efter smag

3 dl grøntsagsfond

1 kop fuldfed kokosmælk

2 spsk pepitas

Vejbeskrivelse

I en tykbundet gryde varmes olien op over medium-høj varme. Sauter nu løg, kartofler, butternut squash og pastinak i cirka 10 minutter, mens du rører jævnligt for at sikre ensartet tilberedning.

Tilsæt ingefær-hvidløgspastaen og fortsæt med at sautere i 1 minut eller indtil aromatisk.

Rør derefter gurkemejepulver, fennikelfrø, chilipulver, græskartærtekrydderi, salt, sort peber og grøntsagsfond i; bring i kog. Skru straks ned for varmen, og lad det koge i cirka 25 minutter.

Purér suppen med en stavblender, til den er cremet og ensartet.

Kom den purerede blanding tilbage i gryden. Vend kokosmælken i og fortsæt med at simre, indtil den er gennemvarmet eller cirka 5 minutter længere.

Hæld i individuelle skåle og server pyntet med pepitas. God appetit!

Brændt blomkålssuppe

(Klar på ca. 1 time | Portioner 4)

Per portion : Kalorier: 310; Fedt: 24g; Kulhydrater: 16,8 g; Protein: 11,8g

ingredienser

1½ pund blomkålsbuketter

4 spsk olivenolie

1 løg, hakket

2 fed hvidløg, hakket

1/2 tsk ingefær, skrællet og hakket

1 tsk frisk rosmarin, hakket

2 spsk frisk basilikum, hakket

2 spsk frisk persille, hakket

4 kopper grøntsagsfond

Havsalt og kværnet sort peber efter smag

1/2 tsk stødt sumak

1/4 kop tahin

1 citron, friskpresset

Vejbeskrivelse

Begynd med at forvarme ovnen til 425 grader F. Smid blomkålen med 2 spiseskefulde af olivenolien og anbring dem på en pergamentbeklædt bradepande.

Rist derefter blomkålsbuketter i cirka 30 minutter under omrøring, dem en eller to gange for at fremme en jævn tilberedning.

I mellemtiden opvarmer du i en tykbundet gryde de resterende 2 spsk olivenolien over medium-høj varme. Svits nu løget i cirka 4 minutter, indtil det er mørt og gennemsigtigt.

Tilsæt hvidløg, ingefær, rosmarin, basilikum og persille og fortsæt med at sautere i 1 minut eller indtil dufter.

Rør derefter grøntsagsfonden, salt, sort peber og sumac i og bring det i kog. Reducer straks varmen til en simre og lad det koge i cirka 20 til 22 minutter.

Purér suppen med en stavblender, til den er cremet og ensartet.

Kom den purerede blanding tilbage i gryden. Fold tahinen i og lad det simre i cirka 5 minutter, eller indtil det hele er gennemstegt.

Hæld i individuelle skåle, pynt med citronsaft og server varm. God fornøjelse!

GRØNTSAGER OG SERVICE

Vin- og citronbraiserede artiskokker

(Klar på cirka 35 minutter | Portioner 4)

Per portion : Kalorier: 228; Fedt: 15,4 g; Kulhydrater: 19,3 g; Protein: 7,2 g

ingredienser

1 stor citron, friskpresset

1 ½ pund artiskokker, trimmede, seje ydre blade og kvæler fjernet

2 spsk mynteblade, finthakket

2 spsk korianderblade, finthakket

2 spsk basilikumblade, finthakket

2 fed hvidløg, hakket

1/4 kop tør hvidvin

1/4 kop ekstra jomfru olivenolie, plus mere til drypning

Havsalt og friskkværnet sort peber efter smag

Vejbeskrivelse

Fyld en skål med vand og tilsæt citronsaft. Læg de rensede artiskokker i skålen, og hold dem helt nedsænket.

I en anden lille skål blandes urter og hvidløg grundigt. Gnid dine artiskokker med urteblandingen.

Hæld vin og olivenolie i en gryde; kom artiskokkerne i gryden. Skru op for varmen, og fortsæt med at koge, tildækket, i cirka 30 minutter, indtil artiskokkerne er sprøde-møre.

Til servering, dryp artiskokkerne med kogesaften, krydr dem med salt og sort peber og nyd!

. Ristede gulerødder med urter

(Klar på cirka 25 minutter | Portioner 4)

Per portion : Kalorier: 217; Fedt: 14,4 g; Kulhydrater: 22,4 g; Protein: 2,3 g

ingredienser

2 pund gulerødder, trimmet og halveret på langs

4 spsk olivenolie

1 tsk granuleret hvidløg

1 tsk paprika

Havsalt og friskkværnet sort peber

2 spsk frisk koriander, hakket

2 spsk frisk persille, hakket

2 spsk frisk purløg, hakket

Vejbeskrivelse

Start med at forvarme din ovn til 400 grader F.

Vend gulerødderne med olivenolie, granuleret hvidløg, paprika, salt og sort peber. Læg dem i et enkelt lag på en bageplade beklædt med bagepapir.

Bag gulerødderne i den forvarmede ovn i ca. 20 minutter, indtil de er møre.

Vend gulerødderne med de friske krydderurter og server med det samme. God appetit!

Nem braiserede grønne bønner

(Klar på cirka 15 minutter | Portioner 4)

Per portion : Kalorier: 207; Fedt: 14,5 g; Kulhydrater: 16,5 g; Protein: 5,3g

ingredienser

4 spsk olivenolie

1 gulerod, skåret i tændstik

1 ½ pund grønne bønner, trimmet

4 fed hvidløg, pillede

1 laurbær

1½ dl grøntsagsbouillon

Havsalt og kværnet sort peber efter smag

1 citron, skåret i tern

Vejbeskrivelse

Varm olivenolien op i en gryde ved middel varme. Når de er varme, steges gulerødder og grønne bønner i ca. 5 minutter, mens der røres jævnligt for at fremme en jævn tilberedning.

Tilsæt hvidløg og laurbærbrød og fortsæt med at sautere i yderligere 1 minut eller indtil dufter.

Tilsæt bouillon, salt og sort peber og fortsæt med at simre under låg i cirka 9 minutter, eller indtil de grønne bønner er møre.

Smag til, juster krydderierne og server med citronbåde. God appetit!

Braiseret grønkål med sesamfrø

(Klar på cirka 10 minutter | Portioner 4)

Per portion : Kalorier: 247; Fedt: 19,9 g; Kulhydrater: 13,9 g; Protein: 8,3 g

ingredienser

1 kop grøntsagsbouillon

1 pund grønkål, renset, seje stængler fjernet, revet i stykker

4 spsk olivenolie

6 fed hvidløg, hakket

1 tsk paprika

Kosher salt og kværnet sort peber efter smag

4 spsk sesamfrø, let ristede

Vejbeskrivelse

I en gryde bringes grøntsagsbouillonen i kog; tilsæt grønkålsbladene og skru op for varmen. Kog i cirka 5 minutter, indtil grønkål er blødgjort; reservere.

Varm olien op i samme gryde ved middel varme. Når det er varmt, sauter du hvidløget i cirka 30 sekunder, eller indtil det er aromatisk.

Tilsæt den reserverede grønkål, paprika, salt og sort peber og lad det koge et par minutter mere eller indtil det er gennemvarmet.

Pynt med let ristede sesamfrø og server med det samme. God appetit!

Vinterstegte grøntsager

(Klar på cirka 45 minutter | Portioner 4)

Per portion : Kalorier: 255; Fedt: 14g; Kulhydrater: 31g; Protein: 3g

ingredienser

1/2 pund gulerødder, skær i 1-tommers stykker

1/2 pund pastinak, skær i 1-tommers stykker

1/2 pund selleri, skær i 1-tommers stykker

1/2 pund søde kartofler, skær i 1-tommers stykker

1 stort løg, skær i tern

1/4 kop olivenolie

1 tsk rød peberflager

1 tsk tørret basilikum

1 tsk tørret oregano

1 tsk tørret timian

Havsalt og friskkværnet sort peber

Vejbeskrivelse

Start med at forvarme din ovn til 420 grader F.

Vend grøntsagerne med olivenolie og krydderier. Anret dem på en bradepande med bagepapir.

Steg i cirka 25 minutter. Rør grøntsagerne og fortsæt med at koge i 20 minutter mere.

God appetit!

Traditionel marokkansk Tagine

(Klar på cirka 30 minutter | Portioner 4)

Per portion : Kalorier: 258; Fedt: 12,2g; Kulhydrater: 31g; Protein: 8,1 g

ingredienser

3 spsk olivenolie

1 stor skalotteløg, hakket

1 tsk ingefær, skrællet og hakket

4 fed hvidløg, hakket

2 mellemstore gulerødder, skåret og hakket

2 mellemstore pastinakker, skåret og hakket

2 mellemstore søde kartofler, skrællet og skåret i tern

Havsalt og kværnet sort peber efter smag

1 tsk varm sauce

1 tsk bukkehorn

1/2 tsk safran

1/2 tsk kommen

2 store tomater, pureret

4 kopper grøntsagsbouillon

1 citron, skåret i tern

Vejbeskrivelse

I en hollandsk ovn opvarmes olivenolien over medium varme. Når de er varme, sauter du skalotteløgene i 4 til 5 minutter, indtil de er møre.

Svits derefter ingefær og hvidløg i cirka 40 sekunder eller indtil aromatisk.

Tilsæt de resterende ingredienser, bortset fra citronen, og bring det i kog. Skru straks op for varmen.

Lad det simre i cirka 25 minutter eller indtil grøntsagerne er bløde. Server med friske citronbåde og nyd!

Kinesisk kål røre

(Klar på cirka 10 minutter | Portioner 3)

Per portion : Kalorier: 228; Fedt: 20,7 g; Kulhydrater: 9,2 g; Protein: 4,4 g

ingredienser

3 spsk sesamolie

1 pund kinakål, skåret i skiver

1/2 tsk kinesisk fem-krydderi pulver

Kosher salt efter smag

1/2 tsk Szechuan peber

2 spsk sojasovs

3 spsk sesamfrø, let ristede

Vejbeskrivelse

Opvarm sesamolien i en wok, indtil den er sydende. Steg kålen under omrøring i cirka 5 minutter.

Rør krydderierne og sojasovsen i, og fortsæt med at koge under jævnlig omrøring i cirka 5 minutter mere, indtil kålen er sprødmør og aromatisk.

Drys sesamfrø over toppen og server med det samme.

Sauteret blomkål med sesamfrø

(Klar på cirka 15 minutter | Portioner 4)

Per portion : Kalorier: 217; Fedt: 17g; Kulhydrater: 13,2 g; Protein: 7,1 g

ingredienser

1 kop grøntsagsbouillon

1½ pund blomkålsbuketter

4 spsk olivenolie

2 spidskålsstængler, hakket

4 fed hvidløg, hakket

Havsalt og friskkværnet sort peber efter smag

2 spsk sesamfrø, let ristede

Vejbeskrivelse

I en stor gryde bringes grøntsagsbouillonen i kog; tilsæt derefter blomkålen og kog i ca. 6 minutter eller indtil gaffelmør; reservere.

Opvarm derefter olivenolien, indtil den er sydende; sauter nu spidskål og hvidløg i ca. 1 minut eller indtil de er møre og aromatiske.

Tilsæt det reserverede blomkål, efterfulgt af salt og sort peber; fortsæt med at simre i cirka 5 minutter eller indtil den er gennemvarmet

Pynt med ristede sesamfrø og server med det samme. God appetit!

Sød mosede gulerødder

(Klar på cirka 25 minutter | Portioner 4)

Per portion : Kalorier: 270; Fedt: 14,8 g; Kulhydrater: 29,2 g; Protein: 4,5 g

ingredienser

1½ pund gulerødder, skåret

3 spsk vegansk smør

1 kop spidskål, skåret i skiver

1 spsk ahornsirup

1/2 tsk hvidløgspulver

1/2 tsk stødt allehånde

Havsalt efter smag

1/2 kop sojasovs

2 spsk frisk koriander, hakket

Vejbeskrivelse

Damp gulerødderne i cirka 15 minutter, indtil de er meget møre; dræn godt af.

I en sauterpande smeltes smørret, indtil det syder. Skru nu ned for varmen for at opretholde en insisterende syden.

Kog nu spidskålene, indtil de er bløde. Tilsæt ahornsirup, hvidløgspulver, malet allehånde, salt og sojasauce i cirka 10 minutter, eller indtil de er karamelliserede.

Tilføj de karamelliserede spidskål til din foodprocessor; tilsæt gulerødderne og purér ingredienserne, indtil det hele er godt blandet.

Server pyntet med frisk koriander. God fornøjelse!

Sauterede majroer

(Klar på cirka 15 minutter | Portioner 4)

Per portion : Kalorier: 140; Fedt: 8,8 g; Kulhydrater: 13g; Protein: 4,4 g

ingredienser

2 spsk olivenolie

1 løg, skåret i skiver

2 fed hvidløg, skåret i skiver

1 ½ pund majroer renset og hakket

1/4 kop grøntsagsbouillon

1/4 kop tør hvidvin

1/2 tsk tørret oregano

1 tsk tørrede persilleflager

Kosher salt og kværnet sort peber efter smag

Vejbeskrivelse

I en sauterpande varmes olivenolien op ved moderat høj varme.

Sauter nu løget i 3 til 4 minutter, eller indtil det er mørt og gennemsigtigt. Tilsæt hvidløg og steg videre i 30 sekunder mere eller indtil aromatisk.

Rør kålrot, bouillon, vin, oregano og persille i; fortsæt med at sautere yderligere 6 minutter, eller indtil de er visnet helt.

Smag til med salt og sort peber og server lun. God appetit!

Yukon Gold Kartoffelmos

(Klar på cirka 25 minutter | Portioner 5)

Per portion : Kalorier: 221; Fedt: 7,9 g; Kulhydrater: 34,1 g; Protein: 4,7 g

ingredienser

2 pund Yukon Gold kartofler, skrællet og skåret i tern

1 fed hvidløg, presset

Havsalt og rød peberflager efter smag

3 spsk vegansk smør

1/2 kop sojamælk

2 spsk spidskål, skåret i skiver

Vejbeskrivelse

Dæk kartoflerne med en tomme eller to koldt vand. Kog kartoflerne i letkogende vand i cirka 20 minutter.

Purér derefter kartoflerne sammen med hvidløg, salt, rød peber, smør og mælk til den ønskede konsistens.

Serveres pyntet med frisk spidskål. God appetit!

Aromatisk Sauteret Chard

(Klar på cirka 15 minutter | Portioner 4)

Per portion : Kalorier: 124; Fedt: 6,7 g; Kulhydrater: 11,1 g; Protein: 5g

ingredienser

2 spsk vegansk smør

1 løg, hakket

2 fed hvidløg, skåret i skiver

Havsalt og kværnet sort peber, til at krydre

1 ½ pund mangold, revet i stykker, seje stilke fjernet

1 kop grøntsagsbouillon

1 laurbærblad

1 kvist timian

2 rosmarinkviste

1/2 tsk sennepsfrø

1 tsk selleri frø

Vejbeskrivelse

I en gryde smeltes det veganske smør ved middelhøj varme.

Svits derefter løget i ca. 3 minutter, eller indtil det er mørt og gennemsigtigt; sauter hvidløget i cirka 1 minut, indtil det er aromatisk.

Tilsæt de resterende ingredienser og skru op for varmen; lad det simre under låg i cirka 10 minutter eller til det hele er gennemstegt. God appetit!

Klassisk sauteret peberfrugt

(Klar på cirka 15 minutter | Portioner 2)

Per portion : Kalorier: 154; Fedt: 13,7 g; Kulhydrater: 2,9 g; Protein: 0,5 g

ingredienser

3 spsk olivenolie

4 peberfrugter, kerner og skær i strimler

2 fed hvidløg, hakket

Salt og friskkværnet sort peber efter smag

1 tsk cayennepeber

4 spsk tør hvidvin

2 spsk frisk koriander, groft hakket

Vejbeskrivelse

I en gryde varmes olien op over medium-høj varme.

Når de er varme, sauter du peberfrugterne i cirka 4 minutter, eller indtil de er møre og duftende. Svits derefter hvidløget i cirka 1 minut, indtil det er aromatisk.

Tilsæt salt, sort peber og cayennepeber; fortsæt med at sautere, tilsæt vinen, i ca. 6 minutter mere, indtil de er møre og gennemstegte.

Smag til og juster krydderierne. Top med frisk koriander og server. God appetit!

Mosede rodfrugter

(Klar på cirka 25 minutter | Portioner 5)

Per portion : Kalorier: 207; Fedt: 9,5 g; Kulhydrater: 29,1 g; Protein: 3g

ingredienser

1 pund rødbrune kartofler, skrællet og skåret i stykker

1/2 pund pastinak, skåret og skåret i tern

1/2 pund gulerødder, skåret og skåret i tern

4 spsk vegansk smør

1 tsk tørret oregano

1/2 tsk tørret dildukrudt

1/2 tsk tørret merian

1 tsk tørret basilikum

Vejbeskrivelse

Dæk grøntsagerne med vandet med 1 tomme. Bring i kog og kog i ca. 25 minutter, indtil de er bløde; dræne.

Mos grøntsagerne med de resterende ingredienser, tilsæt kogevæske efter behov.

Serveres varm og nyd!

Ristet Butternut Squash

(Klar på cirka 25 minutter | Portioner 4)

Per portion : Kalorier: 247; Fedt: 16,5 g; Kulhydrater: 23,8 g; Protein: 4,3 g

ingredienser

4 spsk olivenolie

1/2 tsk stødt spidskommen

1/2 tsk stødt allehånde

1 ½ pund butternut squash, skrællet, frøet og skåret i tern

1/4 kop tør hvidvin

2 spsk mørk sojasovs

1 tsk sennepsfrø

1 tsk paprika

Havsalt og kværnet sort peber efter smag

Vejbeskrivelse

Start med at forvarme din ovn til 420 grader F. Kast squashen med de resterende ingredienser.

Rist butternut squashen i cirka 25 minutter, eller indtil de er møre og karamelliserede.

Serveres varm og nyd!

Sauterede Cremini svampe

(Klar på cirka 10 minutter | Portioner 4)

Per portion : Kalorier: 197; Fedt: 15,5 g; Kulhydrater: 8,8 g; Protein: 7,3 g

ingredienser

4 spsk olivenolie

4 spsk skalotteløg, hakket

2 fed hvidløg, hakket

1 ½ pund Cremini-svampe, skåret i skiver

1/4 kop tør hvidvin

Havsalt og kværnet sort peber efter smag

Vejbeskrivelse

I en sauterpande varmes olivenolien op ved moderat høj varme.

Sauter nu skalotteløget i 3 til 4 minutter, eller indtil det er mørt og gennemsigtigt. Tilsæt hvidløg og steg videre i 30 sekunder mere eller indtil aromatisk.

Rør Cremini-svampene, vin, salt og sort peber i; fortsæt med at sautere yderligere 6 minutter, indtil dine svampe er let brunede.

God appetit!

Ristede asparges med sesamfrø

(Klar på cirka 25 minutter | Portioner 4)

Per portion : Kalorier: 215; Fedt: 19,1 g; Kulhydrater: 8,8 g; Protein: 5,6 g

ingredienser

1½ pund asparges, trimmet

4 spiseskefulde ekstra jomfru olivenolie

Havsalt og kværnet sort peber efter smag

1/2 tsk tørret oregano

1/2 tsk tørret basilikum

1 tsk rød peberflager, knust

4 spsk sesamfrø

2 spsk frisk purløg, groft hakket

Vejbeskrivelse

Start med at forvarme ovnen til 400 grader F. Beklæd derefter en bageplade med bagepapir.

Vend aspargesene med olivenolie, salt, sort peber, oregano, basilikum og rød peberflager. Arranger nu dine asparges i et enkelt lag på den forberedte bageplade.

Rist dine asparges i cirka 20 minutter.

Drys sesamfrø over dine asparges og fortsæt med at bage yderligere 5 minutter, eller indtil aspargesspydene er sprøde og sesamfrøene er let ristede.

Pynt med frisk purløg og server lun. God appetit!

Auberginegryde i græsk stil

(Klar på cirka 15 minutter | Portioner 4)

Per portion : Kalorier: 195; Fedt: 16,1 g; Kulhydrater: 13,4 g; Protein: 2,4g

ingredienser

4 spsk olivenolie

1½ pund aubergine, skrællet og skåret i skiver

1 tsk hvidløg, hakket

1 tomat, knust

Havsalt og kværnet sort peber efter smag

1 tsk cayennepeber

1/2 tsk tørret oregano

1/4 tsk stødt laurbærblad

2 ounce Kalamata oliven, udstenede og skåret i skiver

Vejbeskrivelse

Varm olien op i en sauterpande over middelhøj varme.

Sauter derefter auberginen i cirka 9 minutter, eller indtil den er lige mør.

Tilsæt de resterende ingredienser, dæk til og fortsæt med at koge i 2 til 3 minutter mere, eller indtil det er gennemstegt. Serveres varm.

Keto blomkålsris

(Klar på cirka 10 minutter | Portioner 5)

Per portion : Kalorier: 135; Fedt: 11,5 g; Kulhydrater: 7,2 g; Protein: 2,4g

ingredienser

2 mellemstore hoveder blomkål, stilke og blade fjernet

4 spiseskefulde ekstra jomfru olivenolie

4 fed hvidløg, presset

1/2 tsk rød peberflager, knust

Havsalt og kværnet sort peber efter smag

1/4 kop fladbladet persille, groft hakket

Vejbeskrivelse

Puls blomkålen i en foodprocessor med S-bladet, indtil de er brudt til "ris".

Varm olivenolien op i en gryde ved middelhøj varme. Når det er varmt, koges hvidløget, indtil det dufter eller cirka 1 minut.

Tilsæt blomkålsris, rød peber, salt og sort peber og fortsæt med at sautere i yderligere 7 til 8 minutter.

Smag til, juster krydderierne og pynt med frisk persille. God appetit!

Nem Garlicky Kale

(Klar på cirka 10 minutter | Portioner 4)

Per portion : Kalorier: 217; Fedt: 15,4 g; Kulhydrater: 16,1 g; Protein: 8,6 g

ingredienser

4 spsk olivenolie

4 fed hvidløg, hakket

1 ½ pund frisk grønkål, seje stængler og ribben fjernet, revet i stykker

1 kop grøntsagsbouillon

1/2 tsk spidskommen frø

1/2 tsk tørret oregano

1/2 tsk paprika

1 tsk løgpulver

Havsalt og kværnet sort peber efter smag

Vejbeskrivelse

I en gryde varmes olivenolien op ved moderat høj varme. Svits nu hvidløget i cirka 1 minut eller indtil det er aromatisk.

Tilsæt grønkålen i portioner, tilsæt gradvist grøntsagsbouillonen; rør for at fremme ensartet madlavning.

Skru op for varmen, tilsæt krydderierne og lad det koge i 5 til 6 minutter, indtil grønkålsbladene visner.

Serveres varm og nyd!

Artiskokker braiseret i citron og olivenolie

(Klar på cirka 35 minutter | Portioner 4)

Per portion : Kalorier: 278; Fedt: 18,2g; Kulhydrater: 27g; Protein: 7,8 g

ingredienser

1½ dl vand

2 citroner, friskpressede

2 pund artiskokker, trimmede, seje ydre blade og kvæler fjernet

1 håndfuld frisk italiensk persille

2 timiankviste

2 rosmarinkviste

2 laurbærblade

2 fed hvidløg, hakket

1/3 kop olivenolie

Havsalt og kværnet sort peber efter smag

1/2 tsk rød peberflager

Vejbeskrivelse

Fyld en skål med vand og tilsæt citronsaft. Læg de rensede artiskokker i skålen, og hold dem helt nedsænket.

I en anden lille skål blandes urter og hvidløg grundigt. Gnid dine artiskokker med urteblandingen.

Hæld citronvand og olivenolie i en gryde; kom artiskokkerne i gryden. Skru op for varmen, og fortsæt med at koge, tildækket, i cirka 30 minutter, indtil artiskokkerne er sprøde-møre.

Til servering, dryp artiskokkerne med madlavningssaft, krydr dem med salt, sort peber og rød peberflager. God appetit!

Rosmarin- og hvidløgsristede gulerødder

(Klar på cirka 25 minutter | Portioner 4)

Per portion : Kalorier: 228; Fedt: 14,2g; Kulhydrater: 23,8 g; Protein: 2,8 g

ingredienser

2 pund gulerødder, trimmet og halveret på langs

4 spsk olivenolie

2 spsk champagneeddike

4 fed hvidløg, hakket

2 kviste rosmarin, hakket

Havsalt og kværnet sort peber efter smag

4 spsk pinjekerner, hakket

Vejbeskrivelse

Begynd med at forvarme din ovn til 400 grader F.

Vend gulerødderne med olivenolie, eddike, hvidløg, rosmarin, salt og sort peber. Læg dem i et enkelt lag på en bageplade beklædt med bagepapir.

Bag gulerødderne i den forvarmede ovn i ca. 20 minutter, indtil de er møre.

Pynt gulerødderne med pinjekernerne og server med det samme. God appetit!

Grønne bønner i middelhavsstil

(Klar på cirka 20 minutter | Portioner 4)

Per portion : Kalorier: 159; Fedt: 8,8 g; Kulhydrater: 18,8 g; Protein: 4,8 g

ingredienser

2 spsk olivenolie

1 rød peberfrugt, kernet og skåret i tern

1½ pund grønne bønner

4 fed hvidløg, hakket

1/2 tsk sennepsfrø

1/2 tsk fennikelfrø

1 tsk tørret dildukrudt

2 tomater, purerede

1 kop fløde selleri suppe

1 tsk italiensk urteblanding

1 tsk cayennepeber

Salt og friskkværnet sort peber

Vejbeskrivelse

Varm olivenolien op i en gryde ved middel varme. Når de er varme, steger du peberfrugten og de grønne bønner i cirka 5 minutter, mens du rører jævnligt for at fremme en jævn tilberedning.

Tilsæt hvidløg, sennepsfrø, fennikelfrø og dild og fortsæt med at sautere i yderligere 1 minut eller indtil dufter.

Tilsæt de purerede tomater, creme af sellerisuppe, italiensk urteblanding, cayennepeber, salt og sort peber. Fortsæt med at simre, tildækket, i cirka 9 minutter, eller indtil de grønne bønner er møre.

Smag til, juster krydderierne og server lun. God appetit!

Ristede havegrøntsager

(Klar på cirka 45 minutter | Portioner 4)

Per portion : Kalorier: 311; Fedt: 14,1 g; Kulhydrater: 45,2g; Protein: 3,9 g

ingredienser

1 pund butternut squash, skrællet og skåret i 1-tommers stykker

4 søde kartofler, skrællet og skåret i 1-tommers stykker

1/2 kop gulerødder, skrællet og skåret i 1-tommers stykker

2 mellemstore løg, skåret i tern

4 spsk olivenolie

1 tsk granuleret hvidløg

1 tsk paprika

1 tsk tørret rosmarin

1 tsk sennepsfrø

Kosher salt og friskkværnet sort peber efter smag

Vejbeskrivelse

Start med at forvarme din ovn til 420 grader F.

Vend grøntsagerne med olivenolie og krydderier. Anret dem på en bradepande med bagepapir.

Steg i cirka 25 minutter. Rør grøntsagerne og fortsæt med at koge i 20 minutter mere.

God appetit!

. Nem ristet kålrabi

(Klar på cirka 30 minutter | Portioner 4)

Per portion : Kalorier: 177; Fedt: 14g; Kulhydrater: 10,5 g; Protein: 4,5 g

ingredienser

1 pund kålrabiløg, skrællet og skåret i skiver

4 spsk olivenolie

1/2 tsk sennepsfrø

1 tsk selleri frø

1 tsk tørret merian

1 tsk granuleret hvidløg, hakket

Havsalt og kværnet sort peber efter smag

2 spsk ernæringsgær

Vejbeskrivelse

Start med at forvarme din ovn til 450 grader F.

Vend kålrabien med olivenolie og krydderier, indtil den er godt dækket. Anret kålrabi i et enkelt lag på en bagepapirbeklædt bradepande.

Bag kålrabien i den forvarmede ovn i cirka 15 minutter; rør dem og fortsæt med at koge yderligere 15 minutter.

Drys næringsgær over den lune kålrabi og server med det samme. God appetit!

Blomkål med Tahinisauce

(Klar på cirka 10 minutter | Portioner 4)

Per portion : Kalorier: 217; Fedt: 13g; Kulhydrater: 20,3 g; Protein: 8,7 g

ingredienser

1 kop vand

2 pund blomkålsbuketter

Havsalt og kværnet sort peber efter smag

3 spsk sojasovs

5 spsk tahini

2 fed hvidløg, hakket

2 spsk citronsaft

Vejbeskrivelse

I en stor gryde bringes vandet i kog; tilsæt derefter blomkålen og kog i ca. 6 minutter eller indtil gaffelmør; afdryp, krydr med salt og peber og gem.

Bland grundigt sojasovsen, tahin, hvidløg og citronsaft i en røreskål. Hæld saucen over blomkålsbuketterne og server.

God appetit!

Urte Blomkålsmos

(Klar på cirka 25 minutter | Portioner 4)

Per portion : Kalorier: 167; Fedt: 13g; Kulhydrater: 11,3 g; Protein: 4,4 g

ingredienser

1½ pund blomkålsbuketter

4 spsk vegansk smør

4 fed hvidløg, skåret i skiver

Havsalt og kværnet sort peber efter smag

1/4 kop almindelig havremælk, usødet

2 spsk frisk persille, groft hakket

Vejbeskrivelse

Damp blomkålsbuketterne i ca. 20 minutter; stil den til side til afkøling.

I en gryde smeltes det veganske smør ved moderat høj varme; sauter nu hvidløgene i ca. 1 minut eller indtil aromatiske.

Tilføj blomkålsbuketter til din foodprocessor efterfulgt af sauterede hvidløg, salt, sort peber og havremælk. Purér indtil alt er godt indarbejdet.

Pynt med friske persilleblade og server varm. God appetit!

Hvidløg og urtesvampegryde

(Klar på cirka 10 minutter | Portioner 4)

Per portion : Kalorier: 207; Fedt: 15,2g; Kulhydrater: 12,7 g; Protein: 9,1 g

ingredienser

4 spsk vegansk smør

1½ pund østerssvampe halveret

3 fed hvidløg, hakket

1 tsk tørret oregano

1 tsk tørret rosmarin

1 tsk tørrede persilleflager

1 tsk tørret merian

1/2 kop tør hvidvin

Kosher salt og kværnet sort peber efter smag

Vejbeskrivelse

I en sauterpande varmes olivenolien op ved moderat høj varme.

Sauter nu svampene i 3 minutter, eller indtil de slipper væsken. Tilsæt hvidløg og steg videre i 30 sekunder mere eller indtil aromatisk.

Rør krydderierne i, og fortsæt med at sautere yderligere 6 minutter, indtil dine svampe er let brunede.

God appetit!

Panstegte asparges

(Klar på cirka 10 minutter | Portioner 4)

Per portion : Kalorier: 142; Fedt: 11,8 g; Kulhydrater: 7,7 g; Protein: 5,1g

ingredienser

4 spsk vegansk smør

1½ pund aspargesspyd, trimmet

1/2 tsk spidskommen frø, malet

1/4 tsk laurbærblad, stødt

Havsalt og kværnet sort peber efter smag

1 tsk frisk limesaft

Vejbeskrivelse

Smelt det veganske smør i en gryde ved middelhøj varme.

Sauter aspargesene i ca. 3 til 4 minutter, og omrør jævnligt for at fremme en jævn tilberedning.

Tilsæt spidskommen, laurbærblad, salt og sort peber, og fortsæt med at koge aspargesene i 2 minutter mere, indtil de er sprøde.

Dryp limesaft over aspargesene og server dem lune. God appetit!

Ingefær gulerodsmos

(Klar på cirka 25 minutter | Portioner 4)

Per portion : Kalorier: 187; Fedt: 8,4 g; Kulhydrater: 27,1 g; Protein: 3,4 g

ingredienser

2 pund gulerødder, skåret i runder

2 spsk olivenolie

1 tsk stødt spidskommen

Salt malet sort peber efter smag

1/2 tsk cayennepeber

1/2 tsk ingefær, skrællet og hakket

1/2 kop sødmælk

Vejbeskrivelse

Begynd med at forvarme din ovn til 400 grader F.

Vend gulerødderne med olivenolie, spidskommen, salt, sort peber og cayennepeber. Læg dem i et enkelt lag på en bageplade beklædt med bagepapir.

Bag gulerødderne i den forvarmede ovn i cirka 20 minutter, indtil de er sprøde.

Tilføj de ristede gulerødder, ingefær og mælk til din foodprocessor; purér ingredienserne, indtil alt er godt blandet.

God appetit!

Ristede artiskokker i middelhavsstil

(Klar på cirka 50 minutter | Portioner 4)

Per portion : Kalorier: 218; Fedt: 13g; Kulhydrater: 21,4 g; Protein: 5,8 g

ingredienser

4 artiskokker, trimmede, seje yderste blade og chokes fjernet, halveret

2 citroner, friskpressede

4 spiseskefulde ekstra jomfru olivenolie

4 fed hvidløg, hakket

1 tsk frisk rosmarin

1 tsk frisk basilikum

1 tsk frisk persille

1 tsk frisk oregano

Flasket havsalt og kværnet sort peber efter smag

1 tsk rød peberflager

1 tsk paprika

Vejbeskrivelse

Start med at forvarme din ovn til 395 grader F. Gnid citronsaften over hele overfladen af dine artiskokker.

I en lille røreskål kombineres hvidløget grundigt med krydderurter og krydderier

Læg jordskokkehalvdelene i en bageplade beklædt med bagepapir, med snitsiden opad. Pensl artiskokkerne jævnt med olivenolie. Fyld hulrummene med hvidløg/urteblandingen.

Bages i cirka 20 minutter. Dæk dem nu med aluminiumsfolie og bag dem i yderligere 30 minutter. Serveres varm og nyd!

Braiseret grønkål i thailandsk stil

(Klar på cirka 10 minutter | Portioner 4)

Per portion : Kalorier: 165; Fedt: 9,3 g; Kulhydrater: 16,5 g; Protein: 8,3 g

ingredienser

1 kop vand

1 ½ pund grønkål, seje stængler og ribben fjernet, revet i stykker

2 spsk sesamolie

1 tsk frisk hvidløg, presset

1 tsk ingefær, skrællet og hakket

1 thai chili, hakket

1/2 tsk gurkemejepulver

1/2 kop kokosmælk

Kosher salt og kværnet sort peber efter smag

Vejbeskrivelse

I en stor gryde bringes vandet hurtigt i kog. Tilsæt grønkålen og lad den koge, indtil den er lys, cirka 3 minutter. Dræn, skyl og pres tør.

Tør gryden af med køkkenrulle og forvarm sesamolien ved moderat varme. Når de er varme, koges hvidløg, ingefær og chili i cirka 1 minut eller deromkring, indtil dufter.

Tilsæt grønkål og gurkemejepulver og fortsæt med at koge i yderligere 1 minut eller indtil det er gennemvarmet.

Hæld gradvist kokosmælk, salt og sort peber i; fortsæt med at simre, indtil væsken er tyknet. Smag til, juster krydderierne og server varm. God appetit!

Silkeblød kålrabipuré

(Klar på cirka 30 minutter | Portioner 4)

Per portion : Kalorier: 175; Fedt: 12,8 g; Kulhydrater: 12,5 g; Protein: 4,1 g

ingredienser

1 ½ pund kålrabi, skrællet og skåret i stykker

4 spsk vegansk smør

Havsalt og friskkværnet sort peber efter smag

1/2 tsk spidskommen frø

1/2 tsk korianderfrø

1/2 kop sojamælk

1 tsk frisk dild

1 tsk frisk persille

Vejbeskrivelse

Kog kålrabien i kogende saltet vand, indtil den er blød, cirka 30 minutter; dræne.

Purér kålrabien med det veganske smør, salt, sort peber, spidskommen og korianderfrø.

Purér ingredienserne med en stavblender, og tilsæt gradvist mælken. Top med frisk dild og persille. God appetit!

Sauteret spinat med flødeskum

(Klar på cirka 15 minutter | Portioner 4)

Per portion : Kalorier: 146; Fedt: 7,8 g; Kulhydrater: 15,1 g; Protein: 8,3 g

ingredienser

2 spsk vegansk smør

1 løg, hakket

1 tsk hvidløg, hakket

1½ dl grøntsagsbouillon

2 pund spinat, revet i stykker

Havsalt og kværnet sort peber efter smag

1/4 tsk tørret dild

1/4 tsk sennepsfrø

1/2 tsk selleri frø

1 tsk cayennepeber

1/2 kop havremælk

Vejbeskrivelse

I en gryde smeltes det veganske smør ved middelhøj varme.

Svits derefter løget i cirka 3 minutter, eller indtil det er mørt og gennemsigtigt. Svits derefter hvidløget i cirka 1 minut, indtil det er aromatisk.

Tilsæt bouillon og spinat og bring det i kog.

Skru op for varmen. Tilsæt krydderierne og steg videre i 5 minutter længere.

Tilsæt mælken og fortsæt med at koge i 5 minutter mere. God appetit!

Aromatisk sauteret kålrabi

(Klar på cirka 10 minutter | Portioner 4)

Per portion : Kalorier: 137; Fedt: 10,3 g; Kulhydrater: 10,7 g; Protein: 2,9 g

ingredienser

3 spsk sesamolie

1½ pund kålrabi, skrællet og skåret i tern

1 tsk hvidløg, hakket

1/2 tsk tørret basilikum

1/2 tsk tørret oregano

Havsalt og kværnet sort peber efter smag

Vejbeskrivelse

Opvarm sesamolien i en nonstick-gryde. Når den er varm, sauter du kålrabien i cirka 6 minutter.

Tilsæt hvidløg, basilikum, oregano, salt og sort peber. Fortsæt med at koge i 1 til 2 minutter mere.

Serveres varm. God appetit!

Klassisk braiseret kål

(Klar på cirka 20 minutter | Portioner 4)

Per portion : Kalorier: 197; Fedt: 14,3g; Kulhydrater: 14,8 g; Protein: 4g

ingredienser

- 4 spsk sesamolie
- 1 skalotteløg, hakket
- 2 fed hvidløg, hakket
- 2 laurbærblade
- 1 kop grøntsagsbouillon
- 1 ½ pund lilla kål, skåret i tern
- 1 tsk rød peberflager
- Havsalt og sort peber efter smag

Vejbeskrivelse

Opvarm sesamolien i en gryde ved middel varme. Når den er varm, steg skalotteløget i 3 til 4 minutter, mens du rører jævnligt for at fremme en jævn tilberedning.

Tilsæt hvidløg og laurbærbrød og fortsæt med at sautere i yderligere 1 minut eller indtil dufter.

Tilsæt bouillon, kålrød peberflager, salt og sort peber og fortsæt med at simre under låg i cirka 12 minutter, eller indtil kålen er blød.

Smag til, juster krydderierne og server varm. God appetit!

Sauterede gulerødder med sesamfrø

(Klar på cirka 10 minutter | Portioner 4)

Per portion : Kalorier: 244; Fedt: 16,8 g; Kulhydrater: 22,7 g; Protein: 3,4 g

ingredienser

1/3 kop grøntsagsbouillon

2 pund gulerødder, trimmet og skåret i stave

4 spsk sesamolie

1 tsk hvidløg, hakket

Himalayasalt og friskkværnet sort peber efter smag

1 tsk cayennepeber

2 spsk frisk persille, hakket

2 spsk sesamfrø

Vejbeskrivelse

I en stor gryde bringes grøntsagsbouillonen i kog. Skru varmen til medium-lav. Tilsæt gulerødderne og fortsæt med at koge tildækket i cirka 8 minutter, indtil gulerødderne er sprøde-møre.

Opvarm sesamolien over medium-høj varme; sauter nu hvidløgene i 30 sekunder eller indtil aromatiske. Tilsæt salt, sort peber og cayennepeber.

Rist sesamfrøene i en lille stegepande i 1 minut eller indtil de lige er duftende og gyldne.

Til servering pyntes de sauterede gulerødder med persille og ristede sesamfrø. God appetit!

Ristede gulerødder med Tahinisauce

(Klar på cirka 25 minutter | Portioner 4)

Per portion : Kalorier: 365; Fedt: 23,8 g; Kulhydrater: 35,3 g; Protein: 6,1 g

ingredienser

2 ½ pund gulerødder vasket, trimmet og halveret på langs

4 spsk olivenolie

Havsalt og kværnet sort peber efter smag

Sovs:

4 spsk tahini

1 tsk hvidløg, presset

2 spsk hvid eddike

2 spsk sojasovs

1 tsk deli sennep

1 tsk agavesirup

1/2 tsk spidskommen frø

1/2 tsk tørret dildukrudt

Vejbeskrivelse

Begynd med at forvarme din ovn til 400 grader F.

Vend gulerødderne med olivenolie, salt og sort peber. Læg dem i et enkelt lag på en bageplade beklædt med bagepapir.

Bag gulerødderne i den forvarmede ovn i cirka 20 minutter, indtil de er sprøde.

Pisk imens alle sauceingredienserne, indtil de er godt blandet.

Server gulerødderne med saucen til dypning. God appetit!

Brændt blomkål med krydderurter

(Klar på cirka 30 minutter | Portioner 4)

Per portion : Kalorier: 175; Fedt: 14g; Kulhydrater: 10,7 g; Protein: 3,7 g

ingredienser

1½ pund blomkålsbuketter

1/4 kop olivenolie

4 fed hvidløg, hele

1 spsk frisk basilikum

1 spsk frisk koriander

1 spsk frisk oregano

1 spsk frisk rosmarin

1 spsk frisk persille

Havsalt og kværnet sort peber efter smag

1 tsk rød peberflager

Vejbeskrivelse

Begynd med at forvarme ovnen til 425 grader F. Smid blomkålen med olivenolien og anbring dem på en bagepapirbeklædt bradepande.

Rist derefter blomkålsbuketter i ca. 20 minutter; vend dem med hvidløg og krydderier og fortsæt med at koge i yderligere 10 minutter.

Serveres varm. God appetit!

Cremet rosmarin Broccoli Mash

(Klar på cirka 15 minutter | Portioner 4)

Per portion : Kalorier: 155; Fedt: 9,8 g; Kulhydrater: 14,1 g; Protein: 5,7 g

ingredienser

1½ pund broccolibuketter

3 spsk vegansk smør

4 fed hvidløg, hakket

2 kviste frisk rosmarin, blade plukket og hakket

Havsalt og rød peber efter smag

1/4 kop sojamælk, usødet

Vejbeskrivelse

Damp broccolibukterne i ca. 10 minutter; stil den til side til afkøling.

I en gryde smeltes det veganske smør ved moderat høj varme; sauter nu hvidløg og rosmarin i ca. 1 minut, eller indtil de er duftende.

Tilføj broccolibuketter til din foodprocessor efterfulgt af sauteret hvidløg/rosmarinblanding, salt, peber og mælk. Purér indtil alt er godt indarbejdet.

Pynt med nogle ekstra friske krydderurter, hvis det ønskes, og server varmt. God appetit!

Nem Chard stegepande

(Klar på cirka 15 minutter | Portioner 4)

Per portion : Kalorier: 169; Fedt: 11,1 g; Kulhydrater: 14,9 g; Protein: 6,3 g

ingredienser

3 spsk olivenolie

1 skalotteløg, skåret i tynde skiver

1 rød peberfrugt, kernet og skåret i tern

4 fed hvidløg, hakket

1 kop grøntsagsbouillon

2 pund chard, seje stilke fjernet, revet i stykker

Havsalt og kværnet sort peber efter smag

Vejbeskrivelse

I en gryde varmes olivenolien op over medium-høj varme.

Sauter derefter skalotteløg og peber i cirka 3 minutter eller indtil de er møre. Svits derefter hvidløget i cirka 1 minut, indtil det er aromatisk.

Tilsæt bouillon og mangold og bring det i kog. Skru op for varmen og fortsæt med at koge i 10 minutter længere.

Smag til med salt og sort peber og server lun. God appetit!

Vinbraiseret grønkål

(Klar på cirka 10 minutter | Portioner 4)

Per portion : Kalorier: 205; Fedt: 11,8 g; Kulhydrater: 17,3 g; Protein: 7,6 g

ingredienser

1/2 kop vand

1½ pund grønkål

3 spsk olivenolie

4 spsk spidskål, hakket

4 fed hvidløg, hakket

1/2 kop tør hvidvin

1/2 tsk sennepsfrø

Kosher salt og kværnet sort peber efter smag

Vejbeskrivelse

I en stor gryde bringes vandet i kog. Tilsæt grønkålen og lad den koge, indtil den er lys, cirka 3 minutter. Dræn og pres tør.

Tør gryden af med køkkenrulle og forvarm olivenolien ved moderat varme. Når de er varme, koges spidskål og hvidløg i cirka 2 minutter, indtil de er duftende.

Tilsæt vin, flød af grønkål, sennepsfrø, salt, sort peber; fortsæt med at koge, tildækket, i yderligere 5 minutter eller indtil det er gennemvarmet.

Hæld i individuelle skåle og server varm. God appetit!

Franske Haricots Verts

(Klar på cirka 10 minutter | Portioner 4)

Per portion : Kalorier: 197; Fedt: 14,5 g; Kulhydrater: 14,4 g; Protein: 5,4g

ingredienser

1½ dl grøntsagsbouillon

1 roma tomat, pureret

1 ½ pund Haricots Verts, trimmet

4 spsk olivenolie

2 fed hvidløg, hakket

1/2 tsk rød peber

1/2 tsk spidskommen frø

1/2 tsk tørret oregano

Havsalt og friskkværnet sort peber efter smag

1 spsk frisk citronsaft

Vejbeskrivelse

Bring grøntsagsbouillon og pureret tomat i kog. Tilsæt Haricots Verts og lad det koge i ca. 5 minutter, indtil Haricots Verts er sprøde-møre; reservere.

I en gryde varmes olivenolien op over medium-høj varme; sauter hvidløget i 1 minut eller indtil det er aromatisk.

Tilføj krydderierne og reserverede grønne bønner; lad det koge i cirka 3 minutter, indtil det er gennemstegt.

Server med et par skvæt af den friske citronsaft. God appetit!

Smøragtig majroemos

(Klar på cirka 35 minutter | Portioner 4)

Per portion : Kalorier: 187; Fedt: 13,6 g; Kulhydrater: 14g; Protein: 3,6 g

ingredienser

2 kopper vand

1 ½ pund majroer, skrællet og skåret i små stykker

4 spsk vegansk smør

1 kop havremælk

2 friske rosmarinkviste, hakket

1 spsk frisk persille, hakket

1 tsk ingefær-hvidløgspasta

Kosher salt og friskkværnet sort peber

1 tsk rød peberflager, knust

Vejbeskrivelse

Bring vandet i kog; skru op for varmen og kog din majroer i cirka 30 minutter; dræne.

Brug en stavblender til at purere majroerne med vegansk smør, mælk, rosmarin, persille, ingefær-hvidløgspasta, salt, sort peber, rød peberflager, tilsæt evt. kogevæsken.

God appetit!

Sauteret zucchini med urter

(Klar på cirka 10 minutter | Portioner 4)

Per portion : Kalorier: 99; Fedt: 7,4 g; Kulhydrater: 6g; Protein: 4,3 g

ingredienser

2 spsk olivenolie

1 løg, skåret i skiver

2 fed hvidløg, hakket

1 ½ pund zucchini, skåret i skiver

Havsalt og friskkværnet sort peber efter smag

1 tsk cayennepeber

1/2 tsk tørret basilikum

1/2 tsk tørret oregano

1/2 tsk tørret rosmarin

Vejbeskrivelse

I en gryde varmes olivenolien op over medium-høj varme.

Når det er varmt, sauter du løget i cirka 3 minutter, eller indtil det er mørt. Svits derefter hvidløget i cirka 1 minut, indtil det er aromatisk.

Tilsæt zucchinien sammen med krydderierne og fortsæt med at sautere i 6 minutter mere, indtil de er møre.

Smag til og juster krydderierne. God appetit!

Mos søde kartofler

(Klar på cirka 20 minutter | Portioner 4)

Per portion : Kalorier: 338; Fedt: 6,9 g; Kulhydrater: 68g; Protein: 3,7 g

ingredienser

1½ pund søde kartofler, skrællet og skåret i tern

2 spsk vegansk smør, smeltet

1/2 kop agavesirup

1 tsk græskartærtekrydderi

En knivspids havsalt

1/2 kop kokosmælk

Vejbeskrivelse

Dæk de søde kartofler med en tomme eller to koldt vand. Kog de søde kartofler i let kogende vand i ca. 20 minutter; dræn godt af.

Tilføj de søde kartofler til skålen på din foodprocessor; tilsæt vegansk smør, agavesirup, græskartærtekrydderi og salt.

Fortsæt med at purere, og tilsæt gradvist mælken, indtil alt er godt indarbejdet. God appetit!

Sherry ristet konge trompet

(Klar på cirka 20 minutter | Portioner 4)

Per portion : Kalorier: 138; Fedt: 7,8 g; Kulhydrater: 11,8 g; Protein: 5,7 g

ingredienser

1 ½ pund kongetrompetsvampe, renset og skåret i halve på langs.

2 spsk olivenolie

4 fed hvidløg, hakket eller hakket

1/2 tsk tørret rosmarin

1/2 tsk tørret timian

1/2 tsk tørrede persilleflager

1 tsk dijonsennep

1/4 kop tør sherry

Havsalt og friskkværnet sort peber efter smag

Vejbeskrivelse

Start med at forvarme din ovn til 390 grader F. Beklæd en stor bradepande med bagepapir.

I en røreskål, smid svampene med de resterende ingredienser, indtil de er godt dækket på alle sider.

Læg svampene i et enkelt lag på den forberedte bradepande.

Rist svampene i cirka 20 minutter, og kast dem halvvejs gennem kogningen.

God appetit!

Rødbede- og kartoffelpuré

(Klar på cirka 35 minutter | Portioner 5)

Per portion : Kalorier: 177; Fedt: 5,6 g; Kulhydrater: 28,2 g; Protein: 4g

ingredienser

1½ pund kartofler, skrællet og skåret i tern

1 pund rødbeder, skrællet og skåret i tern

2 spsk vegansk smør

1/2 tsk deli sennep

1/2 kop sojamælk

1/2 tsk stødt spidskommen

1 tsk paprika

Havsalt og kværnet sort peber efter smag

Vejbeskrivelse

Kog kartoflerne og rødbederne i kogende saltet vand, indtil de er bløde, ca. 30 minutter; dræne.

Purér grøntsagerne med det veganske smør, sennep, mælk, spidskommen, paprika, salt og sort peber til den ønskede konsistens.

God appetit!

Quinoagrød med tørrede figner

(Klar på cirka 25 minutter | Portioner 3)

Per portion : Kalorier: 414; Fedt: 9g; Kulhydrater: 71,2g; Protein: 13,8g

ingredienser

1 kop hvid quinoa, skyllet

2 kopper mandelmælk

4 spsk brun farin

En knivspids salt

1/4 tsk revet muskatnød

1/2 tsk stødt kanel

1/2 tsk vaniljeekstrakt

1/2 kop tørrede figner, hakkede

Vejbeskrivelse

Kom quinoa, mandelmælk, sukker, salt, muskatnød, kanel og vaniljeekstrakt i en gryde.

Bring det i kog ved middelhøj varme. Skru varmen op og lad det koge i ca. 20 minutter; fnug med en gaffel.

Fordel mellem tre serveringsskåle og pynt med tørrede figner. God appetit!

Brødbudding med rosiner

(Klar på ca. 1 time | Portioner 4)

Per portion : Kalorier: 474; Fedt: 12,2g; Kulhydrater: 72g; Protein: 14,4g

ingredienser

4 kopper daggammelt brød i tern

1 kop brun farin

4 kopper kokosmælk

1/2 tsk vaniljeekstrakt

1 tsk stødt kanel

2 spsk rom

1/2 kop rosiner

Vejbeskrivelse

Start med at forvarme din ovn til 360 grader F. Smør en ildfast fad let med en nonstick-spray.

Læg brødet i tern i den tilberedte ildfast fad.

I en røreskål blandes sukker, mælk, vanilje, kanel, rom og rosiner grundigt. Hæld cremen jævnt over brødterningerne.

Lad det trække i cirka 15 minutter.

Bag i den forvarmede ovn i cirka 45 minutter eller indtil toppen er gylden og sat. God appetit!

www.ingramcontent.com/pod-product-compliance
Lightning Source LLC
Chambersburg PA
CBHW071235080526
44587CB00013BA/1627